ECONOMÍA POPULAR DE SOLIDARIDAD

Identidad y proyecto en una visión integradora

Luis Razeto Migliaro

Luis Razeto Migliaro

Primera edición: Area Pastoral Social de la Conferencia Episcopal de Chile, Programa de Economía del Trabajo (PET), Santiago, 1986.

Segunda edición: Area Pastoral Social de la Conferencia Episcopal de Chile, Programa de Economía del Trabajo (PET), Santiago, 1990.

Tercera edición: Univérsitas Nueva Civilización, Santiago, 2018.

*"Es injusto
y al mismo tiempo de grave perjuicio
y perturbación del recto orden social,
confiar a una sola sociedad mayor y más elevada
lo que pueden hacer y procurar
comunidades menores e inferiores.*

Quadragesimo Anno

Luis Razeto Migliaro

PRELUDIO

Preludio no lo decimos aquí en el sentido de composición instrumental independiente que precede a la ejecución de una sinfonía u ópera y que en cierto modo contiene los motivos esenciales de la obra que le sigue, sino en el sentido más antiguo, que se refiere a las notas, escalas y arpegios con los que se ensaya la voz y el instrumento antes de comenzar a tocar o cantar una pieza. Como lo indica la etimología del término (de prae antes y ludere jugar), el ejecutante se divierte un poco y juega con los sonidos, expresando de paso algo de sí mismo y de su estado de ánimo, sin que ello comprometa la obra que se prepara a presentar.

Este libro es el resultado de una aventura intelectual, que ha significado búsqueda y descubrimiento, riesgos, opciones y encuentro. Alguna vez leí un pensamiento de Ortega y Gasset que preguntaba aproximadamente así: ¿Con qué objeto escribir, si ésta demasiado fácil acción de deslizar una pluma por el papel no la hacemos arriesgada como una corrida, y si no enfrentamos asuntos que sean a la vez peligrosos, ágiles y bicornes?

El recorrido del pensamiento y los procedimientos de exposición son en este libro tan poco convencionales que es conveniente una explicación introductoria, que prepare una disposición de espíritu abierta al riesgo de cambiar los propios modos de pensar, de sentir y de actuar. Porque estamos invitando a compartir nuestra aventura.

El objeto de nuestro estudio es un sujeto; ágil y bicorne. Un sujeto en formación, que está creciendo y cambiando. Que nos llama al compromiso, pero que a veces nos dice que quiere buscar y caminar solo. Nos invita a conocerlo porque quiere conocerse, precisar sus esperanzas, evaluar sus potencialidades. Pero no siempre está dispuesto a abrirnos su intimidad, porque no sabe bien lo que es ni conoce cómo será, y tiene algún recato al revelarse.

Como está vivo y está adquiriendo voz, no estamos seguros de no ser desmentidos por él mismo en lo que decimos de él. Nos haría pasar la vergüenza de habernos apurado en enunciar y proclamar el nacimiento y desarrollo de una nueva planta habiendo visto apenas un primer brote de la semilla. Pero el contacto con él y el esfuerzo que hacemos por comprender su identidad y su proyecto, nos ha cambiado y no veo como podríamos volver a pensar como antes.

El sujeto de nuestro estudio es un fenómeno social, un proceso histórico, un conjunto de variadas experiencias; pero en esta ocasión apenas si nos detenemos en sus manifestaciones concretas. No expondremos aquí el resultado de una investigación empírica, ni una sistematización de la experiencia en base a estudios de casos o algún otro método de adquisición de informaciones. Lo que aquí hemos hecho y proponemos es teoría.

Las teorías suelen ser concepciones generales y abstractas, y están desprestigiadas. Como no creemos merecer tal menosprecio, nos adelantamos a decir que lo que proponemos aquí son análisis específicos en que los procesos y fenómenos reales son examinados en su desenvolvimiento particular. Pero no el desenvolvimiento de los hechos mismos -que eso sería hacer historia o crónica- sino el despliegue de su racionalidad o lógica interna, lo que supone un desempeño eminentemente conceptual: un trabajo de construcción teórica. En otra ocasión formularemos -para algo similar es esto- la noción de teoría concreta.

La simple mención de una teoría concreta pone de tal modo en tensión el significado de los términos que ya no ha de extrañar la afirmación de que todo nuestro estudio tiene un carácter eminentemente práctico sin dejar de ser incluso densamente teórico. No quisiéramos complicar demasiado la cuestión diciendo, por ejemplo, lo que ya sabían los antiguos: que lo más teórico es lo más práctico. Más simplemente indiquemos que todas las preguntas y problemas que son aquí materia de nuestra reflexión han surgido en la práctica, como demanda de conocimiento que formulan quienes participan y colaboran con el proceso -el sujeto- que nos ocupa. (La base de este libro es una serie de pequeños textos preparados para exposiciones, ponencias y clases hechas al calor y en función de debates y búsquedas que los protagonistas y promotores de la economía popular de solidaridad se han ido planteando a partir de la experiencia y en vistas a perfeccionar su propia acción).

A esos mismos apuntes pretende llegar este libro, que se propone aportar a la satisfacción de esa necesidad y demanda de teoría que surge de la práctica. Dicho de otro modo, queremos servir al concreto potenciamiento y desarrollo de unas experiencias que valoramos y queremos. Pero esto no significa que nuestra elaboración sea instrumental (en el sentido de una concepción hecha para apoyar un proyecto por el que se haya optado previamente en función de intereses o de motivaciones de la voluntad), pues nos mueve el convencimiento de que sólo la búsqueda del conocimiento verdadero (valga la redundancia, ya que esta vez no se trata de paradoja) puede proponernos los objetivos justos y ayudarnos a encontrar los medios de su realización.

Aún así, vale la pena decir algo sobre el nexo entre intelección y volición. Gramsci decía que "sólo el que fuertemente quiere identifica los medios necesarios para la realización de su voluntad". Es cierto, y hay más que eso.

Existe un modo de conocer frío y objetivo, al cual nos ha querido acostumbrar la ciencia moderna. Responde a una mentalidad adquisitiva: se pretende apropiarse del objeto, recolectando datos, consiguiendo cantidades de respuestas a preguntas de cuestionarios, sumando informaciones empíricas que se quisiera tangibles y precisas como cosas. Con esos datos se disecciona el objeto investigado y se construye el conocimiento.

Hay otro modo de buscar la verdad. Aquí la inteligencia no es posesiva sino más bien quiere ser poseída por la verdad. Se pretende un conocimiento integrado, que supone una actitud integral del sujeto que conoce frente al sujeto por conocer; o sea, junto al conocer con la inteligencia que distingue y explica se acompaña un conocer con el corazón y el sentimiento. La simpatía y el amor por la realidad conocida permiten penetrar en la intimidad del sujeto y desentrañar sus motivaciones y energías. De este modo el sujeto por conocer no se convierte en objeto del conocimiento, sino que el objeto por conocer es reconocido como sujeto.

Una vez que reconocemos la realidad como sujeto pretendemos un conocimiento comprensivo. Nos encontramos aquí con otra paradoja de nuestro estudio. Ofrecemos, en efecto, una síntesis de múltiples conocimientos que se despliegan en distintos niveles analíticos. Pero ¿qué puede ser una síntesis analítica?

El lector se encontrará con una serie de análisis diferentes, referidos algunos a sujetos y realidades microsociales y otros a procesos y dimensiones macrohistóricas; y todos ellos integrando aspectos sociales, económicos, culturales y religiosos. Se examinan formas alternativas con sus específicas racionalidades, problemas y perspectivas; se exponen concepciones del mercado, del desarrollo, proyectos históricos a nivel económico y político; se habla de civilización en crisis y se proyecta el pensamiento y la acción en perspectiva religiosa y teológica. Lo directamente social, lo económico, lo político, lo cultural y lo religioso se hacen presentes a nivel de análisis específicos (y no de afirmaciones vagas y genéricas), y sin embargo se mantiene la pretensión de una concepción coherente, armoniosa y comprensiva.

Si esto es herejía en relación a los cánones de la ciencia académica, se justifica porque responde a una doble exigencia: por un lado, la de la realidad misma en estudio, a saber, formas organizativas que -como veremos- tienden a ser integrales y que combinan lo económico, educativo, social, político, cultural y religioso, y todo eso a nivel de procesos micro que quieren proyectarse hacia perspectivas históricas. Un tal sujeto exige un conocimiento que integre todos esos aspectos y dimensiones. Por otro lado tenemos la exigencia que emana de la práctica concreta a la que estas elaboraciones teóricas quieren servir, que al igual que cualquier práctica social e histórica precisa de conocimientos múltiples e integrados. La teoría concreta ha de ser, pues, una síntesis de múltiples determinaciones: la integración de aquellos niveles analíticos que una ciencia objetivante ha querido separar, pero que están de hecho co-presentes constituyendo una realidad única que se proyecta e individualiza como sujeto.

Conscientes de que estas extrañas articulaciones implican más de alguna perturbación en los modos convencionales de hacer ciencia -y como no por ello estamos dispuestos a renunciar a un modo de buscar creativo, que parece abrirnos a nuevos espacios que emergen de un mundo que de otro modo se nos presenta tan cerrado- nos atrevemos a sugerir sin presunción la hipótesis de una nueva estructura del conocimiento, en gestación.

Hay una clave en todo esto: la clave en que se ha escrito este preludio y que ilumina el sentido de todas las paradojas enunciadas. Es ésta: nos hemos puesto en la dimensión de lo posible. Todo el esfuerzo de este libro lo hemos puesto en detectar las potencialidades de la realidad más que en mostrar sus actuales (que serían ya pretéritas) conformaciones. Es la concentración en lo potencial lo que permite acceder a esas articulaciones nuevas entre la experiencia, la teoría y la práctica, el conocimiento y la volición, el análisis y la síntesis.

Concentrarnos en lo potencial no nos saca de la realidad para sumergirnos en el deber ser; más bien nos conduce a la verdadera esencia de los sujetos y de los procesos. Porque -como enseñaba ya la filosofía de Aristóteles y Tomás de Aquino- la realidad es siempre una determinada combinación de acto y de potencia: los dos principios constitutivos de los seres naturales e históricos, siendo el acto la cosa que es, lo que ha llegado a ser como resultado y dato, su existencia, y siendo la potencia lo que puede llegar a ser por el despliegue de su esencia. La potencia es la esencia de la existencia; la existencia es el acto de la potencia.

<u>Santiago de Chile, 4 de septiembre de 1986</u>

Luis Razeto Migliaro

CAPITULO I

EL SURGIMIENTO DE UNA NUEVA ECONOMÍA POPULAR SOLIDARIA: ORÍGENES, COMPONENTES E IDENTIDAD

1. Los antecedentes y condicionamientos del proceso organizativo.

Desde hace algunos años -más exactamente, desde la implantación del actual régimen económico-político-, se han venido desarrollando en el país diferentes experiencias de organización popular solidaria, que presentan características y estilos de acción distintos a los de otras formas tradicionales de organización popular como el sindicalismo y las organizaciones poblacionales y reivindicativas.

Las experiencias organizativas de que hablamos son muy variadas, y responden a todo un proceso de experimentación social altamente creativo: talleres laborales, grupos de auto-ayuda, comprando juntos, huertos familiares y comunitarios, ollas comunes poblacionales, grupos pre-cooperativos de vivienda, grupos de ahorro, comités de damnificados, comités de deudores, círculos de salud popular, colonias urbanas, comunidades campesinas, agrupaciones autogestionadas y cooperativas de campesinos, de pirquineros, de pescadores artesanales, de artesanos, etc.; y variadas iniciativas surgidas de la capacitación popular, de la búsqueda de tecnologías apropiadas, de acciones de subsistencia, de la ayuda fraterna en las comunidades eclesiales, y de otras actividades que han dado lugar a la formación de organizaciones que desarrollan algún tipo de actividades económicas. Más adelante proponemos una descripción y un esquema de clasificación de estas múltiples y dispares experiencias, cuya enumeración hemos adelantado solamente para indicar desde el comienzo el sujeto de nuestros análisis.

A un cierto subconjunto de estas iniciativas, experiencias y organizaciones las hemos denominado "nuevas organizaciones económicas populares -OEP-"(1), sigla que si bien no refleja completamente lo que ellas son (ninguna sigla puede ser suficiente para dar cuenta de realidades complejas), tiene el mérito de permitir referirse a ellas como fenómeno social y organizativo que tiene alguna identidad.

De todas maneras, el sujeto de nuestro análisis y reflexiones es en esta ocasión una realidad que va más allá de las organizaciones económicas populares (aunque la sigla es bastante genérica como para permitir referirse más ampliamente al conjunto de las experiencias mencionadas), por lo que preferimos hablar más en general de una economía popular de solidaridad; expresión que, por un lado abarca no sólo las organizaciones sino también sus actividades y otras experiencias y relaciones que van más allá de lo específicamente organizacional, y por otro lado acoge la noción de aquella solidaridad que distingue como elemento cualitativo el modo de ser del proceso y que lo hace implicar aspectos que trascienden lo específicamente económico.

El surgimiento y desarrollo de estas organizaciones y experiencias ha venido levantando una serie de interrogantes y problemas que dan lugar a significativos y novedosos debates, investigaciones y estudios. Cuál es el origen de estas formas organizativas, cuáles sus perspectivas de evolución en un contexto económico y político distinto al actual, qué contribución efectiva pueden ellas hacer a un proceso de transformación democrática de la economía y de la política, qué aportes pueden hacer al desarrollo, cuáles son las posibilidades que ellas tienen de contribuir a la consolidación de una economía de solidaridad fundada en los valores del trabajo y la cooperación, en qué medida pueden alcanzar estas organizaciones autonomía y realizar maduramente sus propósitos de autogestión, participación, solidaridad y eficiencia en la solución de los problemas sociales de los sectores más marginados, cuáles son las formas de apoyo y los servicios más útiles para su desarrollo que pueden preparar y ofrecer las instituciones y grupos interesados en su expansión, qué explica las novedades que traen consigo estas nuevas organizaciones y que definen su especial modo de ser y de actuar, tienen algún significado particular dichas características y novedades desde el punto de vista de la acción social de la Iglesia con la cual sin duda se encuentran relacionadas, qué potencialidades pueden desplegar estas experiencias desde el punto de vista de la evangelización de la cultura (y de la economía) y de la construcción de una civilización del trabajo y del amor, etc. Sobre todas estas preguntas queremos reflexionar y hacer algunas contribuciones que ayuden la comprensión.

Para la comprensión de este proceso social hay que partir de sus orígenes, que se remontan en Chile a pocas semanas después del pronunciamiento militar de 1973. Como todos sabemos, aquellos acontecimientos significaron una verdadera ruptura en la historia del movimiento social y de organización popular, aún más radical y drástica que la ruptura que implicaron a nivel de las instituciones estatales y de los procesos económicos y políticos nacionales. Ambas rupturas están estrechamente vinculadas y son constitutivas de una misma nueva situación práctica.

La intervención militar de 1973 puso término a un proceso largo, de varias décadas de duración, que había sido entendido como de "ascenso sostenido de las organizaciones y luchas de las clases trabajadoras chilenas"; dicho proceso había conducido de hecho, especialmente durante los últimos gobiernos civiles, al acceso del "movimiento popular" a posiciones de poder y de efectiva fuerza sobre el sistema político-estatal, ampliándose crecientemente la capacidad de los sectores populares organizados para incidir sobre las decisiones económicas, sociales y políticas. De tales posiciones de poder y de fuerza, las organizaciones sociales y populares fueron excluidas en forma violenta y repentina, y luego reprimidas y desarticuladas en forma sistemática.

Hasta entonces los trabajadores, pobladores, campesinos y demás categorías populares tendían a organizarse en función de derechos (al trabajo, a la vivienda, a la salud, a la alimentación, etc.) que daban lugar a reivindicaciones (donde distintas necesidades y demandas propias de un grupo o categoría se articulaban en "plataformas de lucha" o en "pliegos de peticiones") cuya satisfacción demandaban al Estado y a los poderes públicos. En tal situación, donde al Estado se le consideraba el encargado de resolver los problemas y materializar los derechos sociales, y donde era de hecho receptor de las demandas y presiones de los distintos sectores, servían grandes organizaciones de masas (en las que era importante la cantidad de masa y la unidad en la acción) que acumularan el máximo de fuerza y de poder posible de ser ejercido en momentos o coyunturas determinadas, cuyas actividades más importantes y decisivas eran las movilizaciones y manifestaciones públicas y demás acciones de presión social. Las organizaciones de base tendían naturalmente a agruparse y organizarse a fin de sumar sus fuerzas constituyendo unidamente los que podrían llamarse movimientos sociales (movimiento obrero, movimiento campesino, movimiento poblacional, etc.), dándose estructuras organizativas unificantes (federaciones, confederaciones, centrales) en las que era importante lograr unidad de mando y disciplina hacia abajo. Los partidos políticos jugaban un rol importante y decisivo en este proceso de organización, cumpliendo -dicho muy sintéticamente- un papel de nexo y mediación entre las organizaciones y movimientos sociales y el Estado con sus poderes públicos. Por un lado actuaban sobre las categorías sociales que pretendían representar concientizándolas en torno a sus derechos, activando sus reivindicaciones, promoviendo la organización y sirviendo (y a menudo encabezando) las movilizaciones y acciones de presión social; por el otro lado hacían presente al interior del Estado (sea a nivel del poder legislativo como en las instancias ejecutivas y administrativas) aquellas demandas y reivindicaciones sociales, buscando alcanzar el máximo de su satisfacción. Problema crucial que se planteaba en ese contexto era el de las relaciones que correspondían establecerse entre el "movimiento social" y "conducción política", donde se debatían posiciones diversas dentro de una polaridad que oscilaba entre el dirigismo y el autonomismo.

Aquella era -expuesta muy esquemáticamente- la estructura de la acción y organización predominante que existía en los sectores populares y que se levantaban con intención transformadora de las estructuras globales. Ella correspondía (en el sentido que se daba en el contexto de, siendo a la vez parte de) a un tipo de Estado, de régimen político y de estructura institucional que conocemos como democrático dadas las características de su encuadramiento jurídico e institucional.

El régimen político precedente de hecho operaba con una institucionalidad de tipo representativo-burocrático (2), y era dirigido por una coalición de intereses urbano-industriales (inclusiva del empresariado y el proletariado con diferente fuerza relativa de estos componentes en los distintos períodos presidenciales), que tendía a incorporar en un plano subordinado a otros sectores populares (campesinos, marginados, etc.). El sistema operaba en una suerte de equilibrio entre un Estado que asumía una función redistributiva, que se manifestaba no sólo en políticas sociales sino también en fomento del empleo especialmente público (con la consiguiente hipertrofia de algunos organismos de la administración y la burocracia civil), y movimientos sociales y populares que se habían organizado para reivindicar y presionar - especialmente a nivel sindical y político pero también mediante otras formas de organización poblacional-, a través de formas de acción y de luchas de masas, al poder público y a las instituciones del Estado.

El equilibrio de este sistema tradicional de relaciones entre el Estado y el pueblo se rompió, y el sistema institucional hizo crisis, durante el período de Gobierno de la Unidad Popular, por razones que sería largo y no es el caso de examinar aquí en su globalidad, pero que es oportuno considerar al menos en un aspecto relevante para nuestro análisis. A saber, que durante los últimos años de aquél régimen se verificó una acentuación y exasperación de dos elementos fundamentales del esquema de relaciones tradicionales entre el Estado y los grupos sociales. Se acentuaron por una lado las luchas y presiones reivindicativas, masificándose en forma tal de abarcar muy ampliamente a los sectores populares y extendiéndose también a otras categorías sociales (comerciantes, profesionales, transportistas, etc.), todo lo cual implica una presión insostenible sobre un Estado que no estaba en condiciones económicas ni políticas de resolver. Por otro lado, y como consecuencia de lo anterior, la acción estatal redistributiva se acentuaba en beneficio de los sectores populares, especialmente de los trabajadores industriales y del campesinado (verificándose no sólo como redistribución de ingresos y de recursos monetarios sino también como redistribución de activos: reforma agraria, estatización de empresas, participación en la gestión y en las utilidades, etc.); pero generando ello reacciones crecientemente poderosas de los sectores e intereses afectados. En tal contexto el sistema institucional y de partidos políticos no lograba seguir estableciendo las mediaciones necesarias para que la economía y las instancias políticas funcionaran con el mínimo de estabilidad indispensable. El sistema institucional se manifestó finalmente incapaz de seguir operando y absorbiendo sus funciones tradicionales, al mismo tiempo que el poder público no logró sostener con el suficiente consenso social el ejercicio de sus funciones de orden y control social. Fue el fin de un período histórico.

Lo cierto, y lo importante de reconocer cualquiera sea la interpretación que hagamos sobre aquella crisis, es que con la derrota del "movimiento popular" y con la consiguiente implantación del Estado autoritario y de la "economía social de mercado", llegó definitivamente a su término aquél sistema de relaciones tradicionales entre el Estado y las clases populares, y comenzó un intento sistemáticamente perseguido con todas las fuerzas y mecanismos del poder, de cambiar estructuralmente las relaciones entre las clases populares y el Estado y la economía.

Como ya todos lo hemos aprendido, lo esencial del "modelo económico" que se implantó entonces en Chile consistió en dejar al mercado capitalista la asignación de los recursos y la distribución de los ingresos, y en intentar reducir la intervención del Estado al sostenimiento de dicho mercado y al cumplimiento de una función "subsidiaria". Basado en el principio del intercambio y en el predominio del capital, según el cual todo se mide como una mercancía que tiene un determinado valor en dinero, el marcado capitalista excluye de la asignación de los recursos y de la redistribución de los ingresos a todos quienes carecen de bienes para comerciar, de dinero para invertir o de una fuerza de trabajo que puedan efectivamente contratar. La riqueza se concentra en quienes tienen recursos, mientras los más débiles son marginados: los que no tienen recursos económicos, quienes tienen menos nivel de instrucción, la fuerza de trabajo menos calificada, quienes no logran encontrar un trabajo, y en general los que por razones económicas, sociales, ideológicas, culturales, de edad, salud o cualquier otra limitación, tienen poco o nada que intercambiar en el mercado, son excluidos de la economía y de la sociedad misma, y muy concretamente, no pueden obtener los ingresos que les permitan satisfacer sus mínimas necesidades básicas. Enfrentan, en consecuencia, un dramático problema de subsistencia, e incluso de sobrevivencia.

Con la política económica aplicada, la masa de los excluidos se incrementó en forma muy acelerada alcanzando niveles extraordinariamente críticos: el problema de la subsistencia mínima lo comenzó a vivir en forma aguda por lo menos un tercio de la población nacional. Anteriormente también había excluidos y pobreza, y también problemas de sobrevivencia en una parte de la población popular. Pero la situación de los sectores populares era distinta no sólo porque distinto era el sistema económico, sino también porque el Estado actuaba de otra manera y proveía en diferente forma a la satisfacción de las necesidades básicas y, además, las organizaciones populares eran fuerzas reales que presionaban, exigían y lograban conquistas de beneficio popular.

Cuando el Estado dejó de recepcionar demandas y aceptar presiones populares, reprimiendo y desarticulando aquellas organizaciones de masas; cuando la reestructuración económica significó la marginación y exclusión de más amplios y crecientes sectores; cuando el pueblo se ve enfrentado a una nueva realidad que le condiciona tanto política como económicamente todo su accionar y le cambia todo su mismo modo de vivir y de comportarse, desorientadas, las personas se ven obligadas a enfrentar sus problemas sociales y económicos de otras formas: comienzan a desarrollarse nuevas experiencias y nuevas prácticas sociales y organizativas.

El proceso de organización popular se vió enfrentado a la necesidad de cambiar formas y contenidos. En un principio obligado por las circunstancias; luego motivado también por búsquedas derivadas de reflexiones autocráticas que se han hecho a partir de la derrota y el fracaso de las luchas sociales del proceso político-económico anterior. Tal proceso de repensamiento ha llevado a algunos sectores a poner en cuestionamiento el esquema tradicional de relaciones entre el Estado y las organizaciones populares, que se tiende a considerar como no posible de reconstruir en el futuro del mismo modo que antes. Mientras se redimensiona el rol del Estado como satisfactor de demandas y solucionador de problemas, y mientras se pone en duda la eficacia verdaderamente liberadora de organizaciones que actúan básicamente en función de reivindicaciones generando estructuras poco participativas y fácilmente instrumentalizables, se han venido revalorizando las potencialidades protagónicas de los propios sectores populares en el enfrentamiento y solución de sus problemas, y su actoría en la gestación de nuevas formas económicas y modos de desarrollo.

Por todo ello, lo que al comienzo era respuesta defensiva frente a una situación que se había impuesto por la fuerza de las circunstancias generales, va asumiéndose como una forma de acción que se valora por sus contenidos y riqueza intrínseca. Cualquiera sea el caso, lo que vemos surgir de este proceso organizativo nuevo es algo que probablemente podamos considerar como una nueva estructura de la acción y organización popular que se levanta también con intencionalidad transformadora. Las formas y contenidos de ella son algo que estudiaremos y analizaremos detalladamente en los próximos capítulos.

A lo dicho en este parágrafo en torno a los antecedentes y condicionamientos del proceso organizativo cabe solamente agregar que el haber destacado la novedad de todo este proceso no significa desconocer antecedentes y manifestaciones de tales formas de acción y organización también en los períodos anteriores; por ejemplo, experiencias vinculadas al cooperativismo, a procesos de educación y promoción popular, a iniciativas comunitarias y de desarrollo local. Pero ahora no se trata de experiencias limitadas que crean personas especialmente comprometidas con un pensamiento y una ética cooperativista y comunitaria, sino que se presenta como un fenómeno que abarca mucho más ampliamente a los sectores populares; tampoco se trata hoy de los resultados de una acción marcadamente asistencial de parte de instituciones de beneficencia, o de intentos de promoción social y popular programados por los organismos públicos y -en consecuencia- con una marcada dependencia de ciertas orientaciones políticas, sino de procesos organizativos que implican una búsqueda del autodesarrollo ppr parte de grupos que aspiran a incrementar el control sobre sus propias condiciones de vida, sin por ello dejar de estar vinculadas y de servirse de apoyos humanos y materiales que ponen a su disposición instituciones no-gubernamentales de desarrollo que actúan también solidariamente.

Habrá que agregar también que el modo de acción y organización tradicional no ha dejado de existir y desarrollarse paralelamente durante los años actuales; de hecho, él responde a un modo de pensar profundamente radicado en la mentalidad popular. Es sabido que la emergencia de nuevos modos de pensar, de relacionarse y de actuar es siempre lento y supone un distanciamiento paulatino respecto a las prácticas establecidas. Sólo que en la actualidad, dado que el marco institucional y político global no ofrece el encausamiento necesario para que aquella estructura reivindicacional y de acción de masas tenga resultados reales y alcance su indispensable canalización política en las instancias públicas, de hecho sucede que los esfuerzos encaminados en la dirección de generar movimientos sociales al modo tradicional presentan riesgos serios y reales de derivar en enfrentamientos sociales generalizados de alta conflictualidad e imprevisibles consecuencias.

2. Elementos que influyen en la formación y desarrollo de estas experiencias.

Si tales son los condicionamientos del proceso organizativo, podemos afirmar que las organizaciones económicas populares y demás formas de economía popular solidaria que aquí nos interesan, son un fenómeno social y un proceso organizativo relativamente nuevo en la historia del movimiento popular y laboral chileno. Aunque tiene antecedentes históricos, por un lado en el cooperativismo y la autogestión, y por otro lado en el movimiento poblacional tanto reivindicativo como de promoción social, se trata de un proceso organizativo que tiene características, dinamismos, formas y contenidos distintos de los que presentaban aquellos antecedentes.

Hay cuatro componentes, o cuatro elementos que confluyen en la formación y desarrollo de las OEP y de las otras formas de economía popular solidaria.

En primer lugar, la necesidad económica, el problema de subsistencia que enfrentan vastos sectores populares como consecuencia de un modelo económico de mercado capitalista, concentrador y excluyente, que se implantó en el país. La desocupación, la marginación, la represión, la reducción de las políticas públicas de beneficio social, la quiebra de empresas, etc., obligan a amplias capas de los sectores populares a buscar por su cuenta las llamadas "estrategias de sobrevivencia".

Algunos siguen estrategias individuales, tales como el pequeño comercio ambulante, servicios domiciliarios, "pololos"; otros logran subsistir entrando en sistemas de beneficencia pública o privada, tales como los subsidios para indigentes, acciones de CEMA y "damas de colores"; el PEM y el POJH vienen después de crear también una válvula de escape. Otros lo hacen por caminos ilegales como la delincuencia, la prostitución, etc. Por último, hay muchos que buscan un camino distinto, cual es el de organizarse en pequeños grupos para buscar en conjunto la forma de encarar sus problemas económicos más inmediatos (3).

Algunos de estos grupos encuentran una ubicación al interior del sector informal urbano, y en etapas de mayor desarrollo pueden ir ganando mayor formalidad; otros orientan su acción a la reivindicación frente a los poderes públicos; y otros procuran resolver de una manera relativamente autónoma la satisfacción de necesidades básicas específicas: alimentación, salud, vivienda, educación, etc. Constituyen, así, lo que hemos denominado organizaciones económicas populares: talleres laborales, organizaciones de cesantes, comedores populares y ollas comunes poblacionales, precooperativas y comités de vivienda, organizaciones de salud y otros servicios, comprando juntos, huertos familiares y comunitarios, grupos de autoayuda, etc.

El segundo componente que confluye en la formación y desarrollo de las formas organizativas de economía solidaria, es el esfuerzo por preservar y crear organización popular, ante una situación de desmovilización, disgregación y desorientación, que se creó en los sectores populares después de la implantación del régimen militar, en un contexto de represión abierta del movimiento popular y ante un vacío de conducción política. Al principio se pensaba sólo en mantener organización, en un contexto político que se creía transitorio y de poca duración; después se vio la necesidad de buscar formas organizativas que fuesen más estables y permanentes, y que fueran adecuadas y adaptadas para operar en un sistema muy distinto del conocido, donde no hay interlocutores para reivindicar los derechos sociales, y donde es preciso contar con las propias fuerzas.

En el transcurso del proceso, a partir de una autocrítica del pasado y tomando conciencia de las insuficiencias de formas de organización y acción anteriores, se ha ido buscando a través de la experimentación de formas solidarias un modo nuevo de organización popular, en que se articulen mejor lo económico, lo social y lo político, en que haya relaciones internas democráticas y nunca autoritarias, donde se avance hacia la autonomía y se eviten todas las instrumentalizaciones, donde haya más proximidad entre dirigente y bases, mucha participación, y donde los problemas cotidianos y las acciones por el cambio social se integren en una sola programación de las actividades. O sea, ya no se trata sólo de preservar organización, sino de desarrollar formas nuevas de organización y acción popular, que hagan un aporte original y creativo en el desarrollo del movimiento laboral y democrático en general.

El tercer componente de la formación de este proceso organizativo nuevo, es el movimiento de solidaridad y las actividades de apoyo material y profesional, que han aportado un conjunto de recursos, servicios de capacitación y asesorías, colaboración organizativa, orientación y espacios de reflexión, cobertura institucional a las organizaciones en formación y en su evolución, frente a problemas y obstáculos de distinto tipo. Esta acción solidaria ha sido permanente, aunque ha ido variando en el tiempo en sus formas y contenidos; en todo caso, debe reconocerse en ella una contribución importante tanto respecto del logro de los objetivos de subsistencia que tienen los integrantes, como de la búsqueda de caminos y formas organizativas nuevas.

Puede destacarse también que, siendo en gran medida una acción realizada por instituciones de carácter religioso, o insertadas en las Iglesias, este proceso organizativo popular ha experimentado un influjo de ideas y valores morales que refuerzan las tradicionales conductas solidarias, fraternales, de ayuda mutua, de sentido de comunidad, que caracterizan la cultura popular chilena.

Hay un cuarto componente que también aporta a la formación y especialmente al desarrollo de este fenómeno social: son las búsquedas que han venido realizando diferentes investigadores e intelectuales preocupados de la crisis económica, política y cultural que nos afecta, de aquellos caminos alternativos que pueden estar surgiendo desde las bases populares, aunque más no sea en forma embrionaria o germinal. Estas búsquedas se han traducido en numerosos estudios de casos, esfuerzos de sistematización de experiencias, elaboraciones teóricas en torno a las formas económicas solidarias, cooperativas y autogestionarias, a las tecnologías apropiadas, al "desarrollo alternativo", a las perspectivas de descentralización del poder público y de potenciamiento de los poderes de gestión locales, etc. Parte importante de este esfuerzo se ha realizado a partir de la denominada "investigación-acción", y tiene como referencia experiencial el proceso organizativo que estamos analizando.

El impacto que toda esta búsqueda intelectual ha tenido sobre las experiencias y organizaciones concretas ha sido relevante, porque a través del contacto con aquellas -en múltiples seminarios, publicaciones, videos, etc.- los integrantes de las distintas organizaciones han podido apreciar el potencial de sus experiencias, y adquirir conciencia del valor que podrían tener en la perspectiva de contribuir a la solución de los grandes problemas de nuestra sociedad. El estímulo y la motivación que ello significa se ha traducido en nuevas iniciativas y experiencias, o en el reforzamiento y desarrollo de otras que nacieron con menores proyecciones.

3. Brevísima descripción de las experiencias y de los tipos de organización.

Las formas organizativas que adoptan las experiencias de economía popular y solidaria son muy variadas, como variados son también los procesos concretos de su formación y desarrollo. Esta heterogeneidad depende de las distintas situaciones y contextos concretos en que surgen, de la diversidad de problemas que se enfrentan, y también de la pluralidad de las iniciativas y opciones hechas por quienes las promueven e integran. Por ello, cualquier intento de descripción de las experiencias será muy parcial e insuficiente, problema que se agudiza hasta el extremo si se pretende hacerse brevemente. Felizmente existen ya abundantes "estudios de casos" y otras formas de sistematización de las experiencias, a las que podemos remitir a los interesados (4). Nos limitamos, entonces, a una caracterización muy general.

Enmarcado en los antecedentes y condicionamientos referidos, y como resultado de algunos o de todos los elementos que indicamos confluyen en su formación, el fenómeno social en cuestión consiste básicamente en organizarse en pequeños grupos de personas o familias -que comparten del mismo modo una misma situación, y que se encuentran vinculadas por vivir en un mismo barrio, o por haber trabajado en la misma empresa, o por pertenecer a una misma comunidad religiosa, o compartir una similar concepción política-, y buscar en conjunto una forma de encarar un problema económico inmediato.

En general, se llega a definir el modo de organización y el tipo de actividades a realizar, a través de una serie de reuniones de grupo, en las que todos toman conciencia de que se encuentran ante un problema común y que para hacerle frente en el nuevo contexto económico-político tienen que cooperar solidariamente entre sí y realizar en conjunto algunas actividades específicamente económicas. Si se trata de la cesantía podrán organizar actividades de producción de bienes y servicios, o establecer mecanismos para ofertar la propia fuerza de trabajo; tratándose del abastecimiento de bienes de consumo básico, serán actividades tendientes a la obtención y suministro de tales bienes a los asociados; si enfrentan un problema habitacional, de salud, recreación, educación de los hijos, etc., buscarán actividades que de algún modo les encaminen hacia su solución aunque sea en el mediano plazo, etc.

¿Con qué medios y recursos pueden realizar estas actividades? Ante todo pueden contar con lo que cada uno individualmente pueda tener y poner a disposición del grupo, lo que en la mayoría de los casos se limita a sus propios recursos humanos (o sea, la fuerza del trabajo, las capacidades organizativas y de gestión, las aptitudes creativas y la imaginación para inventar alternativas) y a los bienes de que disponen (herramientas de trabajo, la propia vivienda que puede servir de local de trabajo o de reunión, etc.); en algunos casos a ello se suma alguna capacidad de pagar pequeñas cuotas en dinero, que individualmente son insignificantes pero que sumadas pueden llegar a constituir un pequeño fondo para iniciar las actividades.

La suma de estos recursos propios sólo en algunos casos es suficiente para realizar organizadamente un volumen de actividades que les permitan alcanzar, aunque sea al más bajo nivel, el objetivo económico planteado. Así, la mayoría de los grupos debe recurrir a recursos externos a los que sea posible acceder, que en concreto se trata de distintas formas de ayuda y promoción social vinculadas a la acción de las Iglesias y de otras instituciones, que canalizan recursos provenientes de agencias e instituciones extranjeras para el desarrollo social, o bien de ayuda nacional solidaria.

Con la puesta en común de los propios escasos recursos, más aquellos que obtienen de donaciones solidarias y ayuda social, las organizaciones desarrollan sus específicas actividades económicas, buscando algún grado de inserción en el mercado (en los circuitos de la producción, distribución y consumo) y algún nivel de participación en los flujos de bienes y servicios que se canalizan fuera del mercado en forma de ayuda social y de solidaridad. De este modo las personas organizadas pueden superar su aislamiento y marginación, estableciendo relaciones de intercambio (oferta de productos y servicios, adquisición de bienes de consumo básico, apertura de cuentas de ahorro, etc.) y de participación en calidad de beneficiarios de donaciones tangibles y no tangibles (financiamiento, promoción, capacitación, asistencia legal, asistencia técnica, asesorías, etc.).

Ahora bien, estos grupos que se organizan en torno a alguna necesidad económica y realizan básicamente determinadas actividades económicas, no se limitan a ello pues se caracterizan por el hecho de vincular estrechamente en sus actividades las dimensiones socio-políticas e ideológico-culturales de la vida y experiencia popular. Su dinámica y accionar concreto no responde nunca a una lógica puramente económica sino que se amalgaman con ella las motivaciones y aspiraciones por una vida mejor a nivel familiar y comunitario (involucrando aspectos de salud, educación, condiciones de vivienda y habitat poblacional, etc.) así como también la perspectiva de una acción que se inserte en un proceso de transformación económico-política y liberación popular.

En función de estas dimensiones extraeconómicas, las organizaciones suelen formar comisiones especiales para el cumplimiento de funciones y la realización de actividades culturales, sociales, solidarias, recreativas y otras, para lo cual también se asocian o coordinan con otras organizaciones similares, y se integran y participan en actividades conjuntas organizadas o promovidas por ellos mismos o por algunas instituciones de apoyo.

Las inquietudes sociales, culturales y políticas inciden notablemente, además, en las formas organizativas que adoptan los grupos, y llevan a definir criterios de trabajo, de distribución de los ingresos y beneficios, de concepción de la propiedad, de gestión y administración, conforme a los cuales estas organizaciones se autoconciben a menudo como unidades económicas alternativas respecto de las formas capitalistas predominantes y como espacios de convivencia y relaciones democráticas. Es en la perspectiva de estas mismas características, que surge desde muchas organizaciones la iniciativa de avanzar hacia formas de coordinación y agrupación de organizaciones de un mismo tipo, que lleven a la realización de acciones de mayor envergadura e incluso a la constitución de un eventual movimiento social muy amplio.

Se han constituido, así, muy distintos tipos de organizaciones económicas populares, que a través de largos procesos de experimentación y sedimentación llegan a definir ciertos modelos típicos (al interior de los cuales deben reconocerse sin embargo notables diferenciaciones).

Dada la heterogeneidad del fenómeno no es fácil proponer tipologías apropiadas. A nivel descriptivo, lo más obvio es distinguirlas por el tipo de actividad económica que realizan, y por el tipo de necesidades que intentan satisfacer; con tales criterios hemos propuesto una clasificación simple; pero habrá de tenerse en cuenta que a menudo un mismo grupo organizado combina actividades de varios tipos, y busca satisfacer una gama amplia de necesidades. Sucede incluso que un mismo grupo llega a constituir más de una organización, si por tales consideramos los tipos que a continuación se señalan; y también sucede que un grupo que se mantiene como tal a lo largo del tiempo, pero va adoptando formas organizativas correspondientes a sucesivos tipos, dependiendo ello de cambios en la situación y en los problemas de los integrantes, del conocimiento que alcanzan en encuentros y seminarios de otras ideas que pueden implementar, y también de cambios en las orientaciones de trabajo en las instituciones que los apoyan. Teniendo en cuenta todo ello, es posible establecer la siguiente tipología.

A. Los talleres laborales

Son pequeñas unidades económicas cuya actividad central es la producción y comercialización de bienes y servicios; están constituidos por un número reducido de trabajadores -entre tres y veinte personas generalmente- que operan en condiciones notablemente igualitarias; las tecnologías y técnicas de trabajo suelen ser muy simples, de nivel artesanal, correspondientes a una escasa dotación de medios de producción y capital.

Hay tres tipos principales de talleres:

1. Los talleres de trabajo permanente, que tienen una actividad constante y regular, con jornada laboral completa, que funcionan en un lugar estable y llevan contabilidad y registro de todas sus actividades;

2. Los talleres de trabajo parcial, en los que la actividad laboral y comercial es estable y continuada pero la jornada de trabajo de cada asociado es parcial, no ofreciendo entonces una solución ocupacional completa; en muchos casos no tienen un local de trabajo permanente, sino que se reúnen periódicamente a programar el trabajo, tomar decisiones, recibir capacitación, etc., en algún local prestado, mientras cada miembro trabaja independientemente en su casa, con un determinado volumen de productos que se compromete a elaborar;

3. Los talleres de trabajo ocasional, en los que las actividades productivas y comerciales no son estables y continuas, sino esporádicas u ocasionales, respondiendo a demandas específicas que se producen en ciertas fechas o en ocasión de campañas, actos o ferias.

B. Las organizaciones de cesantes

Tienden a enfrentar el mismo problema de la desocupación, pero buscando una solución de otro tipo, mediante otras actividades y funciones. Mientras en los talleres los desocupados se organizan en cuanto trabajadores, para trabajar por cuenta propia, en las organizaciones de cesantes los trabajadores se organizan en cuanto desocupados, para encontrar una vía de colocación o contratación de su fuerza de trabajo.

Hay tres tipos principales de organizaciones de cesantes.

1. Las que buscan una solución preferentemente en el sector informal de la economía, que han adoptado denominaciones tales como "bolsa de cesantes" y "centros de servicio a la comunidad";

2. Las que orientan su acción principalmente hacia el mercado del trabajo o las instancias públicas y municipales, como por ejemplo los "sindicatos de trabajadores eventuales" y algunos "comités de cesantes";

3. Aquellos grupos que se vinculan más directamente con las instituciones de apoyo y su flujo de ayuda solidaria, como por ejemplo los grupos de la campaña "trabajo para un hermano", y algunos comités y bolsas de cesantes.

C. Las organizaciones para el consumo básico

Se trata de distintas formas de asociación de personas y familias que cuentan con muy escasos ingresos, y que a través de la organización logran acceder o mejorar su consumo de alimentos. Las más difundidas de estas organizaciones son los "comedores populares", los "comités de abastecimiento", las "ollas comunes", los "comprando juntos", los "grupos de autoayuda" y los "huertos comunitarios".

Estas organizaciones se pueden clasificar en tres tipos:

1. Las que se preocupan de abastecer a las familias integrantes, de los productos alimenticios necesarios, en general provenientes de donaciones solidarias;

2. Las que preparan o elaboran colectivamente los alimentos para

su consumo en común;

3. Las que producen alimentos para el autoconsumo, como son los "huertos familiares y comunitarios", y algunas amansaderías vinculadas a ollas comunes u otras.

D. Las organizaciones para problemas habitacionales

Son organizaciones de pobladores que enfrentan profundos problemas habitacionales (allegados y familias que viven en campamentos), y que buscan en común alguna forma de solución. En el país existe una larga tradición de lucha, organización y reivindicación de los pobladores para enfrentar estos problemas, de manera que lo nuevo de estas organizaciones actuales consiste básicamente en un distinto modo de proceder y de actuar, que se adapta a las condiciones económico-políticas imperantes.

Las formas organizativas más importantes de este tipo son:

1. Los "comités de vivienda" y de "pobladores sin casa", que canalizan las necesidades y reivindicaciones por la vivienda hacia las Municipalidades y el Gobierno, y que definen posiciones comunes frente a planes de erradicación, traslados, subsidios habitacionales, etc.;

2. Organizaciones más propiamente económicas como son los "grupos pre-cooperativos" y "grupos de ahorro", que buscan una solución de mediano plazo combinando la puesta en común de recursos propios con el intento de acceder a beneficios de carácter social;

3. Los "comités de damnificados", que se forman a consecuencia de catástrofes (terremotos, inundaciones) que los han puesto en la necesidad de reparar o reconstruir la propia vivienda;

4. Los "comités de deudas", "comités de agua", "comités de luz", "comités para el pago de deudas y dividendos del SERVIU", que se forman con el propósito de renegociar en común el pago de

cuotas y deudas impagas, buscando evitar la interrupción de los suministros o el desalojo;

5. Los grupos comunitarios que desarrollan proyectos de autoconstrucción de vivienda utilizando materiales económicos disponibles a nivel local y tecnologías apropiadas.

E. Otras organizaciones poblacionales de servicios

En el ámbito de las actividades organizadas que prestan servicios a sus integrantes y a la comunidad, existen también experiencias interesantes. En salud, han tenido gran desarrollo algunas organizaciones basadas en la idea de la autogestión, principalmente los "círculos de salud", algunos grupos que desarrollan alternativas de medicina tradicional y popular, diferentes búsquedas organizadas respecto a salud mental, terapia de grupos, clubes de rehabilitación de alcohólicos, etc.. En educación existen experiencias de escuelas y colegios alternativos gestionados por los profesores y los padres, centros educacionales que buscan la integración de la comunidad en procesos de formación y capacitación popular, centros comunitarios de atención pre-escolar, jardines infantiles y parvulatorios populares. En recreación y cultura existen experiencias de grupos que organizan colectivamente vacaciones, colonias urbanas, clubes y centros culturales de varios tipos, etc. Existen además numerosas experiencias de grupos organizados de mujeres, de jóvenes, de pensionados y de otras categorías de pobladores, que combinan la reflexión y discusión sobre los problemas que los afectan con actividades específicas dirigidas a enfrentarlos concretamente.

Cabe señalar, finalmente, que éstas que denominamos organizaciones económicas populares constituyen sólo una parte de las experiencias que podemos considerar como formando parte de la economía popular de solidaridad, tal como se ha ido configurando durante estos años en el país. En efecto, la tipología propuesta corresponde especialmente a las iniciativas de carácter urbano que tienen su base social y territorial en las poblaciones marginales de las grandes ciudades. Pero hay también numerosas experiencias que tienen su base en sectores rurales y campesinos, o en actividades económicas especiales ligadas a rubros productivos importantes en torno a los cuales se desenvuelven formas de trabajo independiente de tipo marginal en relación con la industria predominante. Es el caso, por ejemplo, de las caletas de pescadores y de la pesca artesanal, de los recolectores de algas, etc., o de los pirquineros y otros grupos de trabajadores que recuperan aquella parte de la producción no procesada por la minería industrial en el cobre y el carbón. Del mismo modo, deben considerarse como experiencias a lo menos afines a las anteriores, otras que tienen orígenes un poco distintos a los mencionados pero que confluyen, por tantos elementos que comparten con las organizaciones, en lo que hemos denominado economía de solidaridad.

Podemos decir, pues, que además de las nuevas organizaciones económicas populares propiamente tales, forman parte de este peculiar proceso: diferentes organizaciones campesinas de subsistencia y otras formas de economía de comunidades: formas cooperativas y autogestionarias en distintos ámbitos de la producción y de los servicios; experiencias comunitarias o asociativas de recuperación y desarrollo de artesanos y otras unidades de trabajo familiares, agrupaciones de pirquineros, poceros, pescadores artesanales y grupos recolectores; iniciativas de socialización de formas tecnológicas alternativas y socialmente apropiadas; promoción y organización de grupos, organizaciones y comunidades de base volcados hacia la recuperación del control de las condiciones de vivienda, habitat, medio ambiente, salud e higiene ambiental; y en general, variadas iniciativas surgidas de actividades de educación popular, capacitación técnica y organizativa, desarrollo local y de comunidades, que se traducen en la formación de organizaciones que tienen un componente de actividad económica que suele hacerse permanente y creciente dada la gravedad y urgencia de los problemas de subsistencia. La consideración de esta multiplicidad de iniciativas, actividades y organizaciones nos plantea el tema del próximo parágrafo.

4. Unidad e identidad del fenómeno organizativo

Una importante cuestión que surge a partir de lo que hemos expuesto hasta aquí es si las experiencias y organizaciones mencionadas, tan distintas y heterogéneas como son en sus manifestaciones y formas concretas, pueden ser concebidas unidamente, como formando parte de un mismo proceso capaz de integrarse en un mismo proyecto transformador; y junto a ello la cuestión de cual sea la identidad que tengan y que las caracterice. De cómo respondamos a estas preguntas dependerá en gran medida cómo podamos entender las potencialidades transformadoras y de desarrollo que tengan estas experiencias.

Sobre las cuestiones relativas a la unidad e identidad de todas ellas se ha debatido bastante, y hay opiniones diferentes. Pero en muchos casos el asunto ha sido mal planteado, como si se tratase de optar por la heterogeneidad y diversidad o por la unidad e integración.

Heterogeneidad y unidad (e identidad) no son conceptos de un mismo nivel. La realidad es heterogénea, de esto no cabe ninguna duda. No hay dos experiencias iguales. Las situaciones sociales de sus integrantes, los problemas y situaciones específicas de cada organización, las etapas vividas, el modo de su formación, sus relaciones con otras organizaciones e instituciones, las ideas que tienen los miembros de los grupos y que guían su accionar, las formas organizativas que adoptan, el tipo de actividades que realizan, etc., son propios de cada grupo y por lo tanto distintos de caso a caso. Esta inmensa heterogeneidad debe ser reconocida -y también valorada por lo que significa como experimentación social de iniciativas populares creativas-, y puede dar lugar a la formulación de diferentes tipologías.

Saber, en cambio, si todas estas variadas experiencias y formas organizativas pueden ser concebidas unidamente y entendidas como parte de un mismo proceso organizativo, consiste en identificar los aspectos, características y elementos que son comunes a ellas; y después de eso, en ver si esos aspectos y elementos que tienen en común son suficientes como para fundar una cierta identidad compartida que permita considerarlas y referirnos a ellas como un todo, al menos en relación con algunas preguntas importantes.

Podemos enumerar provisoriamente algunas de estas características y aspectos que encontramos presentes en los varios tipos de experiencias que mencionamos al comienzo:

1. Son iniciativas que se desarrollan en los sectores populares (lo cual puede expresarse de varias maneras: entre los pobres del campo y la ciudad, en las clases subordinadas, en los grupos de menores ingresos, etc.). Han alcanzado una mayor extensión en las poblaciones marginales de las grandes ciudades, pero no se trata de un proceso puramente "poblacional".

2. No son iniciativas puramente individuales sino asociativas, que involucran a grupos de personas y de familias (podemos decir que se trata de pequeños grupos o comunidades, cuyos integrantes son fácilmente individualizables, señalando con ello que tampoco se trata de multitudes anónimas ni de "masas" populares).

3. Son iniciativas organizativas, que dan lugar a organizaciones, lo cual supone que explícita o informalmente el grupo se plantea objetivos, se da una estructura y normalmente una directiva o modo de tomar decisiones, programa sus actividades, asigna tareas, maneja algunos recursos, etc.

4. Son iniciativas creadas para enfrentar un conjunto de carencias y necesidades concretas, de aquellas que habitualmente se considera como necesidades económicas: alimentación, vivienda, salud, educación, trabajo, ingresos, ahorro, etc., y que se presentan como apremiantes (los recursos para satisfacerlas son "escasos").

5. En estas organizaciones se busca enfrentar estos problemas y necesidades a través de una acción encaminada directamente a resolverlas, o sea mediante el propio esfuerzo y con la utilización de los recursos que para tal propósito se pueda juntar.

6. Son iniciativas que implican relaciones y valores solidarios, en el sentido de que en sus actividades las personas establecen lazos de ayuda mutua, cooperación, comunidad o solidaridad, no como algo accesorio o secundario sino como inherente al modo en que se busca enfrentar los problemas, satisfacer las necesidades, o desplegar las actividades propias de la organización.

7. Son organizaciones que quieren ser participativas, democráticas, autogestionarias y autónomas, en el sentido de que el grupo de sus integrantes se considera como el único llamado a tomar decisiones sobre lo que hace, derecho que resulta del esfuerzo y del trabajo que cada uno y el grupo en su conjunto realizan; aunque de hecho los grupos tengan que experimentar varias formas de dependencia y sujeción frente a sujetos externos, lo que resaltamos aquí es que las decisiones deben ser de un modo u otros legitimadas al interior del grupo con un criterio de participación democrática o de autogestión.

8. Son iniciativas que no se limitan a un sólo tipo de actividad, sino que tienden a ser integrales, en el sentido que combinan actividades económicas, sociales, educativas, de desarrollo personal y grupal, de solidaridad, y a menudo también de acción política y pastoral (en otras palabras, buscan satisfacer una amplia gama de necesidades y aspiraciones humanas) (5).

9. Son iniciativas en las que se pretende ser distintos y alternativos respecto del sistema imperante (definido como capitalista, individualista, consumista, autoritario, etc.), y aportar así aunque sea en pequeñísima escala a un cambio social, en la perspectiva de una sociedad mejor o más justa (6).

10. Son experiencias que, surgiendo de los sectores populares para hacer frente a sus necesidades, habitualmente son apoyadas por actividades de promoción, capacitación, asesoría, donación de recursos materiales, etc., que realizan instituciones religiosas u organizaciones no-gubernamentales interesadas en el desarrollo social, cultural, político, económico, espiritual o humano integral de los sectores populares.

Estos diez elementos -y probablemente varios otros que se nos quedan sin mencionar- que comparten tantas experiencias y organizaciones no obstante su heterogeneidad de formas y modalidades concretas, no son características secundarias y de poca importancia en ellas, sino que se presentan como inherentes a su modo de ser, a las razones de su formación, a su manera de funcionar, a sus estructuras internas y a los criterios con que toman las decisiones. Por cierto, tomadas cada una o varias de estas características independientemente, las podemos encontrar en muchos otros tipos de experiencias distintas a las señaladas; pero lo distintivo de las que aquí nos interesa comprender es que no sólo las comparten todas sino que en ellas estos elementos se articulan unos con otros de manera tal que se refuerzan, se solicitan, se combinan casi diríamos por necesidad.

Dicho de otro modo, los diez elementos señalados parecen formar parte de una racionalidad especial, de una lógica interna sustentada en un tipo de comportamientos o de prácticas sociales distinto de otros con los que se podrían comparar. Por ejemplo, distinto al de las experiencias y organizaciones sindicales, o al de las organizaciones reivindicativas de masas, a las pequeñas empresas y negocios individuales del llamado "sector informal", a los movimientos campesinos, etc. Si quisiéramos encontrar elementos comunes a todos estos fenómenos sociales tendríamos que descubrirlos en características más externas y menos centrales de sus respectivos modos de ser y de actuar.

En conexión íntima a la cuestión de la unidad que exista entre variadas experiencias se presenta la cuestión de su identidad. El matiz de diferencia entre ambas cuestiones es que, mientras con la primera tratamos de precisar los elementos y características comunes presentes de hecho en ellas, con la segunda nos preguntamos más directamente qué son, cuál es su identidad más esencial; y a partir de allí nos preocupamos por la posibilidad de que en ellas se desarrolle un sentido de pertenencia a un proceso organizativo especial.

Esto último supone el tomar conciencia de esos rasgos compartidos y el desplegar esfuerzos tendientes a estrechar relaciones entre las experiencias distintas, de modo de resaltar y proyectar los intereses, aspiraciones y objetivos inherentes al propio modo de ser y de actuar. Así entendida, la identidad de estas organizaciones consiste en una toma de conciencia colectiva de lo que ellas son, y de sus potencialidades, o sea, un conocerse a sí mismas en lo que tienen en común y en lo que pueden llegar a realizar consideradas en conjunto.

La identidad es, entonces, un proceso, que nunca puede considerarse completo y terminado: es el proceso de un sujeto social que se constituye a sí mismo, resistiendo y luchando al mismo tiempo contra las fuerzas que quisieran su disgregación y desconstitución.

Desarrollar un sentido de identidad supone que todas estas organizaciones tengan y profundicen aquellas características que les son comunes y las definen; y supone también que ellas se inserten en un proyecto compartido de transformación social y de desarrollo. Porque la identidad la adquieren los sujetos no sólo en la conciencia de lo que han sido y de lo que son, sino también en la perspectiva de lo que quieren ser y hacer, o sea, de los objetivos o fines que orientan su accionar y que llegando a ser comunes a todas ellas, las van unificando y proyectando hacia el futuro.

Por lo demás, las potencialidades de alguien -un sujeto, una organización, un movimiento- se pueden descubrir sólo si lo consideramos en la perspectiva de un proyecto respecto del cual esas potencialidades sirven y pueden desplegarse; a la inversa, las potencialidades latentes o dormidas de un sujeto resultan activadas cuando ese sujeto se pone en tensión y en acción hacia objetivos conocidos y queridos.

La identidad de un conjunto de organizaciones y experiencias sociales es un proceso, también en el sentido de que se van definiendo a sí mismas, van adquiriendo y madurando los rasgos que le son propios, a lo largo del tiempo. En el ámbito de lo social, una realidad es lo que está llegando progresivamente a ser; su esencia íntima no está dada por su pasado, ni está siempre en el presente, sino que a menudo se encuentra en construcción y se precisará en el futuro (siempre que por esto se entienda que se trata de algo que está en constitución separándose lentamente de las realidades distintas en que se encontraba inmerso ya antes; por eso, lo dicho es especialmente válido para las realidades sociales nuevas, alternativas, transformadoras). De allí que el estudio y comprensión de estas realidades implica considerar simultáneamente lo que son (como resultado de su pasado o historia anterior) y sus potencialidades (que nos hacen entrever lo que serán cuando vayan completando y madurando su esencia propia, su identidad).

Es por esto también que el descubrir la identidad y las potencialidades de estas organizaciones supone estar interesados en su desarrollo, adherir a sus experiencias y vivencias, quererlas, buscar y esperar realmente su expansión y potenciamiento, y no verlas con prejuicios, desde fuera, en la perspectiva de un proyecto que se deseara imponerles o en función del cual se busca instrumentalizarlas. (Pero también es cierto que un exceso de entusiasmo, o un compromiso no crítico, podría llevarnos a "ver" posibilidades y valores que no existen. Es el peligro en que caen todas las ideologías).

La identidad de estas experiencias y organizaciones es, pues, algo que ya comenzamos a comprender cuando nos preguntamos por los elementos y características que les son comunes, y algo que iremos profundizando y precisando junto con el análisis de las potencialidades transformadoras y de contribución al desarrollo que tengan.

(1) Acuñamos esta expresión y la sigla en una investigación que realizamos en el Programa de Economía del Trabajo (PET) en 1981-1982, en la que nos propusimos sistematizar la vasta experiencia de organización y acción social solidaria que se ha venido desarrollando en Chile, con características distintas a las que se desarrollaban anteriormente, a partir de 1973. Dicho

estudio, que constituye un importante antecedente de la presente elaboración, fue presentado en el libro: L. Razeto, A. Klenner, A. Ramírez, R. Urmeneta, Las Organizaciones Económicas Populares, PET, Santiago, 1983; segunda edición actualizada, 1986. En aquella investigación, y también ahora, utilizamos la expresión "nuevas organizaciones..." con el doble propósito de resaltar la novedad de estas experiencias organizativas y de señalar que también han existido y existen otras organizaciones económicas populares desde mucho antes que éstas, a las que podemos considerar como tradicionales.

(2) Usamos esta expresión en el preciso sentido de relevar la coexistencia de dos estructuras de poder entrelazadas, a saber, una que se legitima a través de criterios de representación y que se materializa en partidos políticos, parlamento, cargos directivos y demás órganos que se originan en la expresión de la voluntad popular, y otra constituida por los órganos de la burocracia civil y militar, el poder judicial, la administración pública, etc., que encuentran su fundamento y legitimidad en la posesión de determinadas competencias técnicas. Todo Estado es una combinación determinada de ambos componentes; la diferencia crucial entre las distintas estructuras estatales radica en la distinta preminencia y subordinación entre ambos, pudiéndose así distinguir entre estados representativos-burocráticos (que podemos calificar como democráticos) y estados burocráticos representativos (que podemos denominar autoritarios).

(3) El seguir una u otra "estrategia" no siempre responde a una opción voluntaria, pues las situaciones de necesidad son precisamente aquellas en que los condicionamientos externos son más fuertes y determinantes. De allí que la noción de "estrategia" puede ser cuestionada en estos casos, o ha de entenderse en términos bastante desdibujados. Cabe señalar, sin embargo, que detrás de estos distintos caminos para enfrentar los problemas están diferentes culturas y experiencias previas. Las respuestas organizadas y solidarias surgen de ambientes más "conscientes" y participativos que han tenido o tienen alguna vinculación con la cultura católica o con ideologías progresistas (en parroquias y comunidades, en sindicatos, partidos y organizaciones

poblacionales, en experiencias previas de desarrollo de la comunidad y promoción popular). El camino de las soluciones individuales supone personas con iniciativa y capacidades de asumir riesgos, las que generalmente se han formado en experiencias anteriores variadas y difíciles (migración, inestabilidad laboral, viajes, orfandad, viudez, etc.). El camino del asistencialismo y beneficencia supone, al contrario, situaciones de dependencia y falta de imaginación, carencia de recursos personales, desesperanza, dificultad de relación, timidez y aislamiento social. La vía delictiva generalmente supone algún grado de desintegración psicológica, frustraciones, menor formación moral, inestabilidad emocional, escasa integración familiar, etc.

(4) Pueden consultarse especialmente las investigaciones efectuadas en el Programa de Economía del Trabajo, Academia de Humanismo Cristiano. Ver en particular, además del mencionado Razeto et al, Las Organizaciones Económicas Populares; R. Egaña, De taller a empresa de trabajadores: la experiencia de Servatec; C. Hardy, Los talleres artesanales de Conchalí: la organización, su recorrido y sus protagonistas; C, Hardy, Hambre + dignidad = ollas comunes; A. Ramírez, Comprando juntos frente al hambre; L. Razeto, Las empresas alternativas.

(5) Esta integralidad es expresiva de una característica de la vida y de la cultura popular, donde las distinciones formales e institucionalizadas entre las dimensiones económica, social, política, tecnológica, religiosa, etc., no se hacen con la misma claridad que en otros sectores sociales cuyas condiciones de vida son más sofisticadas y "modernas". En efecto, la vida popular se encuentra más integrada, y en ella lo económico, lo político, lo religioso, etc., se entremezclan activamente dando lugar a una experiencia humana más unificada (en este sentido).

(6) La relación que se establece entre un querer ser alternativo y una intención transformadora es digna de resaltarse. En efecto, en las formulaciones dialécticas de la historia y de los cambios sociales no se ha relevado suficientemente la necesidad de ser

coherente en cuanto al propio modo de ser y de organizarse con el proyecto de sociedad por el cual se lucha. Así, a menudo se lucha por la democracia y la participación creando organizaciones internamente muy autoritarias y centralizadas, lo que evidentemente es un contrasentido. El nexo y la asociación entre lo alternativo y lo transformador, que en las experiencias de organización solidaria se busca construir, constituye uno de los elementos importantes de la novedad que ellas introducen en las prácticas sociales y en los modos de organización popular.

CAPITULO II

PERSPECTIVAS Y POTENCIALIDADES TRANSFORMADORAS: TRES HIPÓTESIS IDEOLÓGICAS Y APERTURA A UN ANÁLISIS CIENTÍFICO

Sobre el significado de estas experiencias y sobre sus potencialidades de contribuir a un proceso de transformación social y desarrollo, se han ido formulando y sedimentando diferentes concepciones. Sintetizando los distintos puntos de vista, hace ya varios años identificamos la existencia de tres hipótesis interpretativas que enfocan diversamente el significado, el valor y el potencial de estas organizaciones. Las llamadas hipótesis "mínima", hipótesis "intermedia" e hipótesis "máxima", dependiendo de la menor, intermedia o mayor importancia y valor que se reconoce en estas experiencias (7).

Cabe señalar que estas distintas valoraciones responden sólo en parte a un análisis o reflexión sobre lo que de hecho son las organizaciones mismas, pues están basadas también en distintos diagnósticos de la realidad social, económica y política en que vivimos, y en distintas concepciones sobre el sentido de los cambios o alternativas que se han de impulsar. En efecto, quien tiene un cierto diagnóstico de la realidad observa y ve estas experiencias de acuerdo a ese diagnóstico, le atribuye causas y motivaciones en conformidad con esas ideas generales; y quien piense la alternativa y las transformaciones necesarias de una determinada manera, tiende a valorar y a percibir en estas organizaciones aquellas potencialidades que sirvan para esa alternativa, para esas determinadas transformaciones que busca.

1. La hipótesis mínima, con una variante.

Según la hipótesis mínima estas experiencias serían predominantemente defensivas, resultado y reacción frente a la extrema pobreza y a la gran desmovilización que ha vivido el mundo popular. En sus orígenes está la represión y las duras condiciones en que los sectores populares han tenido que reorganizarse y replantear su acción. En lo económico, serían estrategias de subsistencia mínima, como última defensa ante la extrema necesidad. Por lo tanto no constituirían ninguna alternativa, puesto que la gente que participa en estas organizaciones, apenas encuentren un modo distinto de resolver sus problemas, se van a ir tras ellas; o apenas se abran paso posibilidades de acción y organización de tipo político, van a dejar estas organizaciones que no permitirían canalizar eficazmente los deseos de cambio social. Se trataría, por lo tanto, de organizaciones puramente coyunturales, transitorias. Su validez coincidiría con el tiempo en que se mantengan las actuales coordenadas de una economía concentradora y excluyente y de un Estado autoritario. El valor principal de estas organizaciones sería el ayudar a pasar esta situación tan grave que se vive, paliando los problemas y reduciendo sus costos sociales y organizativos.

En esta reducida valoración de las experiencias solidarias el diagnóstico de que se parte es que estamos viviendo en el país una crisis que, aunque se haya ido prolongando más de lo supuesto inicialmente, es coyuntural y transitoria. La crisis estaría dada por la ruptura institucional que experimentó el país en 1973, por el autoritarismo implantado sucesivamente, y por la política neo-liberal extrema. Un retorno a la democracia y a las prácticas tradicionales de participación del Estado en la regulación de la economía, permitiría superar progresiva y rápidamente la crisis, con la consiguiente reabsorción de los sectores populares excluidos: como consecuencia de ello, las experiencias de organización económica popular y solidaria tenderían a desaparecer.

En una variante de esta hipótesis mínima, algunos piensan que las experiencias económicas solidarias perdurarán probablemente por varios años después de una recuperación democrática, pues las condiciones en que se encuentra la economía son tan graves que no sería realista esperar que ni el Estado ni una re-industrialización serían suficientes para resolver la gravedad de los problemas sociales existentes; así, los sectores marginados y excluidos continuarán sirviéndose de organizaciones económicas propias, que incluso podrán tener algún crecimiento en eficiencia y posibilidad de consolidarse, en la medida que operen bajo condiciones más favorables que las que han tenido hasta ahora, o que puedan verse favorecidas por políticas públicas de promoción y apoyo.

Según el enfoque de la hipótesis mínima, tanto en su primera versión como en su variante más reciente, los aspectos y las actividades económicas son esenciales en estas organizaciones pues constituyen el objetivo fundamental de sus integrantes; pero la actividad económica se mantiene a nivel de formas de subsistencia o con muy escasas posibilidades de desarrollo. En resumidas cuentas, la hipótesis mínima es una hipótesis que podemos considerar también como "economicista".

2. La hipótesis intermedia, con otra variante.

Según la hipótesis intermedia, estamos en presencia de un fenómeno que en sus formas y manifestaciones actuales es coyuntural y transitorio, pero que es parte de un proceso de organización popular más amplio, en el que se inserta y que le da sentido. Si bien estas organizaciones -en cuanto específicamente económicas para enfrentar necesidades básicas insatisfechas- desaparecerían cuando cambie la situación política y económica en que surgieron, quedará de ellas el resultado organizativo alcanzado, que se desplegará en un proceso de politización y movilización masiva, que constituiría su fase superior. Aunque serían el reflejo de una fase de repliegue del movimiento popular, estas experiencias tendrían el gran valor de mantener cierto grado de organización poblacional, de permitir y canalizar ciertas acciones de denuncia y de reivindicación social importantes en esta etapa, y de formar nuevos dirigentes populares. El proceso iría adelante en la medida que se vaya pasando a niveles de acción más de carácter reivindicativo y político, de lucha de masas y de acción directa.

En esta valoración parcial de las experiencias solidarias el diagnóstico de que se parte es que la crisis que nos afecta no es sólo por el actual régimen político y económico, sino que es una crisis profunda del capitalismo en las naciones periféricas y subdesarrolladas. Desde el punto de vista de esta hipótesis la alternativa estaría clara: el socialismo. Las fuerzas que van a sacarnos de esta crisis serían la clase obrera, los trabajadores organizados apoyados por otros sectores menos conscientes pero cuantitativamente importantes. En lo económico la solución sería la planificación centralizada, la socialización de los grandes medios de producción y su control por el Estado; pero ello supone una etapa y un proceso previo, de conquista del poder político, por lo cual la tarea principal es de tipo político. Desde este diagnóstico de la crisis y de la alternativa, estas organizaciones no son de primordial importancia puesto que no son organizaciones de la clase obrera organizada, sino de cesantes, pobladores, mujeres; no son tampoco organizaciones que generen grandes potenciales de lucha social ni de masas, pero pueden hacer a todo ello algún aporte, y siendo organizaciones reales, populares, muy numerosas, no deben despreciarse sino que se debe trabajar en y con ellas para su concientización, politización y movilización.

En una variante de esta hipótesis intermedia, algunos piensan que todas estas experiencias de organización solidaria tienen aportes más significativos que hacer, no sólo en lo coyuntural sino en una perspectiva de renovación política de mediano y largo plazo. Sería así porque el análisis de los procesos históricos contemporáneos indica que las respuestas tradicionales del movimiento popular frente al capitalismo deben ser profundamente renovadas, revalorizando la democracia, apuntando hacia un socialismo descentralizado o autogestionario, renovando la propia ideología, cuestionando los roles tan centrales que en la transformación se atribuía a la clase obrera, al Estado, a las formas de propiedad. En esta perspectiva se ha llegado a valorizar estas organizaciones -más que por su aporte intrínseco- por sus potencialidades de llegar a constituir un nuevo protagonismo social, un sujeto o movimiento social de nuevo tipo, capaz de aportar al movimiento popular y democrático en su conjunto algunas importantes lecciones: la participación real, la búsqueda de la autonomía, relaciones más horizontales entre dirigentes y dirigidos, etc.

Según el enfoque de la hipótesis intermedia, tanto en su versión primera como en esta variante más abierta, lo específicamente económico de estas organizaciones no es importante; ello interesa en cuanto puede ser necesario para que las personas se motiven y para que las organizaciones se consoliden. Pero más importante que todo ello es el potencial de concientización y movilización política, sea en una perspectiva tradicional o en otra renovada. En resumidas cuentas, la hipótesis intermedia es una hipótesis que podemos considerar como "politicista".

3. La hipótesis máxima, con explicaciones adicionales.

Según la hipótesis máxima, el fenómeno que estamos analizando sería portador de un nuevo modo de organización y de acción transformadora, al menos en forma germinal o embrionaria. Aunque ha surgido como respuesta ante situaciones determinadas, la novedad que trae es un aporte decisivo, que implica potencialmente la superación de los modos tradicionales de organización popular. Su valor no se limitaría al hecho de ser una respuesta adaptada a la realidad de los problemas actuales, sino que se proyecta más allá de éstos, como un proceso que desde la base social se extiende hacia la implementación de formas y relaciones humanas y sociales alternativas y superiores. El contexto económico y político actual es limitante de su desarrollo, de modo que el cambio de estas condiciones no las haría desaparecer sino que, por el contrario, permitiría un despliegue más rápido y amplio de sus potencialidades; en tal sentido, se le considera como un fenómeno que tiene perspectivas de permanencia y de autonomía, siendo esperable que se modifique por crecimiento y desarrollo cualitativo de sus propias características y no por absorción dentro de otros modos de organización y de acción.

Para llegar a esta valoración máxima de las experiencias y organizaciones solidarias se parte de un diagnóstico según el cual la crisis que vivimos no es solamente la de éste régimen económico-político, o sólo del capitalismo subdesarrollado, sino una crisis de civilización. Estaría en crisis la sociedad industrial y las formas estatales modernas, es decir, una civilización que se ha construido en torno a dos grandes pilares: la gran industria en lo económico, y el Estado en lo político. Sería la crisis de una civilización basada en la competencia, en el conflicto y en la lucha; de una civilización que pone en la conquista del poder estatal y en el desarrollo de grandes conglomerados económicos la solución a las necesidades humanas y sociales. En consecuencia, sería una crisis que afecta a los distintos modelos o sistemas de organización socio-políticos, incluidos los modelos socialistas que también son sociedades fundadas en esos mismos dos grandes pilares de la gran industria y el Estado.

¿En base a qué puede pensarse que estas organizaciones de base y estas experiencias solidarias constituyen una forma de respuesta ante una crisis tan global y profunda? La pregunta es decisiva, porque mientras mayor sea la crisis y más complejo y amplio el desafío que nos pone, se hace más patente la desproporción que puede haber entre la tarea por realizar y el desarrollo real alcanzado por estas pequeñas organizaciones, o sus potencialidades efectivas para cumplirla. Es conveniente profundizar un poco más el tema, porque el planteamiento de esta tercera hipótesis es menos conocido que el que subyace bajo las dos hipótesis anteriores, y porque nos aporta importantes elementos cognoscitivos para responder a la interrogante principal que nos ocupa.

Lo peculiar de la crisis que vivimos sería su integralidad, su "organicidad", en el sentido de que abarca todos los aspectos de la vida humana (aspectos económico, social, político, cultural y moral) y que afecta los distintos planos o niveles en que se organiza la experiencia del hombre y de la sociedad contemporánea, desde lo individual a lo planetario. Encontramos manifestaciones de estas crisis en varios planos:

a) En el plano individual, se manifiesta como deterioro tendencial de los equilibrios psicológicos de las personas, fenómeno que se expresa en el incremento de las neurosis y otras psicopatías, en los comportamientos anómicos y en la pérdida de sentido de la vida, en la drogadicción y otros "escapismos", etc.

b) En el plano social, a nivel de los países, la crisis se manifiesta como deterioro tendencial de los equilibrios socio-políticos, que se expresa en el incremento de las pugnas corporativas, en la expansión del terrorismo, de la tortura, de la marginación y exclusión social, en la creciente ingobernabilidad de los estados nacionales, en la carencia de alternativas políticas basadas en las formas tradicionales de acción. Sucede incluso que lo que se postula como respuestas opositoras al statu quo lleva a agudizar los problemas y desequilibrios, y a menudo se traduce en un incremento del poder y de la fuerza de los adversarios, sin que se abran caminos claros de superación de los antagonismos.

c) En el plano mundial, la crisis se manifiesta como deterioro tendencial de los equilibrios internacionales, que se expresa en el armamentismo, el peligro nuclear, la pérdida de capacidad de acción de los organismos internacionales, la agudización de los conflictos económicos entre las naciones, etc. Los desequilibrios norte-sur, entre los países desarrollados y subdesarrollados, son tan fuertes que no es posible pensar en disminuir a mediano plazo la brecha que existe entre unos y otros, puesto que mientras los primeros están viviendo la tercera revolución industrial (revolución cibernética o científico-técnica) los segundos están viviendo procesos de desindustrialización, empobrecimiento y endeudamiento creciente. Mientras esto sucede, tampoco se resuelve el conflicto entre los países socialistas y capitalistas, porque el gran problema es que mientras la vida económica tiende al internacionalismo y al cosmopolitanismo, la vida política sigue desarrollándose en términos nacionalistas y de bloques.

d) En el plano ecosocial y planetario, se manifiesta la crisis como deterioro tendencial de los equilibrios ecológicos, que se expresa en la contaminación de los ríos y aguas, la extinción de especies vegetales y animales, la lluvia ácida, la deforestación, la erosión, la polución en las ciudades, etc. El modo moderno y contemporáneo de las relaciones del hombre con la naturaleza está provocando desequilibrios tan profundos que amenazan a los mismos procesos que los generan: a la gran industria y a los Estados, grandes poderes concentrados que tienen necesidad de grandes instrumentos, de grandes aparatos, de grandes ejércitos y armamentos, de grandes masas de energía cada vez más difíciles de mantener bajo control.

Desde este diagnóstico de la crisis el interés por las experiencias de economía popular y solidaria se acrecienta. Porque es lógico pensar que, si la crisis ha de tener solución, es probable que ésta se encuentre ya presente, en germen, en la realidad. Y es también lógico pensar que si una alternativa frente a la crisis está emergiendo de alguna parte, será desde los sectores que la están experimentando en sus formas más agudas y radicales, o sea, desde los sectores populares más pobres. Porque tienen menos participación y están menos comprometidos con el orden establecido que está en crisis, y también porque al experimentar los efectos de la crisis en formas más extremas es natural que reaccionen a ella antes que otros sectores.

Si la crisis es generalizada todos seremos afectados, pero en distinto grado, intensidad y momento; los primeros afectados son obviamente los sectores más desprotegidos, los que tienen menos elementos de poder, menos medios para defenderse; y por lo tanto comenzarán también antes a reaccionar. Junto a ellos, también se adelantarán en la búsqueda de alguna alternativa personas de otros sectores sociales que son particularmente sensibles, abiertos y disponibles para cambiar de modos de pensar, de sentir y de comportarse, asumiendo un compromiso y una responsabilidad en la búsqueda y construcción de un modo distinto de hacer las cosas y de vivir.

Desde un diagnóstico que afirma que la propia supervivencia de la humanidad está amenazada crecientemente, las organizaciones que nacen para enfrentar este problema porque lo empezaron a vivir antes adquieren un significado nuevo y decisivo, pues podremos vislumbrar en ellas elementos de una respuesta más general, líneas de solución, caminos de búsqueda que probablemente continuarán experimentándose y extendiéndose en la medida que los efectos de la crisis sigan expandiéndose hacia otros sectores. Desde un diagnóstico que concibe la crisis como resultado de un cierto tipo de desarrollo unilateral en lo económico, en lo político y en lo cultural, y que la identifica como crisis de una civilización fundada en el individualismo, la acumulación de riquezas y de poder, el gigantismo industrial y burocrático, etc., es natural valorizar y aspirar al desarrollo de formas de organización y de acción en los que emergen como valores la comunidad y solidaridad, la integración de lo económico, político, cultural, etc., la descentralización del poder y de los bienes, la pequeña escala y la participación, la centralización y preeminencia del trabajo y del hombre sobre el capital y las cosas.

Si a la hipótesis mínima y a la intermedia las pudimos considerar, respectivamente, como economicista y politicista, esta tercera hipótesis interpretativa del fenómeno que nos interesa la podemos denominar también como "culturalista", pues pone el énfasis en los elementos valóricos y en el significado de las experiencias en relación a la emergencia y desarrollo de nuevos modos de pensar, de sentir, de relacionarse, de actuar y de hacer las cosas. Desde esta hipótesis lo específicamente económico de estas organizaciones populares solidarias ocupa un lugar y una importancia fundamental; pero lo económico es entendido en términos muy amplios, no sólo como la producción, distribución y consumo de los bienes y servicios materiales sino como "la manera de hacer las cosas" y de satisfacer las necesidades humanas en su integralidad, en base a la utilización racional de los medios disponibles que se presentan como escasos.

Más que en las actuales "estrategias de sobrevivencia" el pensamiento se proyecta hacia su desarrollo en la perspectiva de llegar a constituirse como "estrategias de vida".

4. Para pasar de las hipótesis a una concepción teórica de

carácter científico.

El plantear tres hipótesis interpretativas diferentes frente a un mismo fenómeno social y sus perspectivas y potencialidades, deja una cierta ambigüedad. Se hace necesario precisar el carácter de las mismas, y evaluar de algún modo sus respectivas capacidades de comprensión del proceso organizativo al que se refiere.

Lo primero que conviene precisar es que cada una de las tres líneas interpretativas contiene una parte de la realidad del fenómeno total, y nos abre a la comprensión de diferentes aspectos, tendencias, problemas, posibilidades, limitaciones y potencialidades que efectivamente tienen estas organizaciones, consideradas aisladamente y en conjunto. En la experiencia y en la práctica de estas iniciativas y organizaciones hay aspectos que pueden ser rescatados para cada uno de los enfoques planteados, con sus respectivas variantes. De hecho, cada hipótesis destaca algunas organizaciones y actividades, tiene especialmente en cuenta la acción de determinadas instituciones de apoyo, corresponde al modo de pensar y de concebir el proceso organizativo de parte de algunos de sus actores, identifica algunos de sus problemas claves y permite visualizar ciertas tendencias realmente existentes que proyectan el proceso en determinadas direcciones. Al respecto el relevante percibir que en el seno de estas experiencias actúan personas e instituciones que conciben y proyectan las organizaciones en varias perspectivas señaladas; y sabemos que lo que en definitiva suceda depende de los protagonistas y de las organizaciones mismas, de cuáles sean las opciones que vayan adoptando en su concreto accionar.

Por todo lo dicho -y tal como afirmamos desde la primera vez que las formulamos- "las tres hipótesis interpretativas son complementarias, constituyendo elementos válidos de una interpretación y comprensión que quisiera ser completa. No obstante lo anterior, no parece posible conformarse con la simple sumatoria de lo que las tres destacan y valoran, como si el conjunto resultante nos diera una visión completa del fenómeno; ello por la simple razón de que, además de ser complementarias, las tres hipótesis presentan elementos, no secundarios sino esenciales, que se manifiestan como contradictorios y excluyentes entre sí. (...) Con la formulación de estas tres hipótesis y en los respectivos análisis de sus implicaciones, no hemos alcanzado aún aquella interpretación del fenómeno de las nuevas organizaciones económicas populares, que nos permita comprender cabalmente su sentido y prever las direcciones de su evolución futura" (8)

Miradas en profundidad, las tres hipótesis pueden considerarse como ideológicas, en el sentido de que totalizan excesivamente la realidad, toman la parte por el todo, y confunden elementos de respuesta con la respuesta completa. De este modo, cada una ofrece un cuadro coherente, claro, simple, que puede ser bastante dinamizador de la acción, pero que en cuanto explicación de conjunto es demasiado apresurado, pre-científico.

Ahora bien, del conjunto de la exposición del tema -tanto en ésta como en anteriores ocasiones- resalta por lo menos un interés especial que mostraremos por la "hipótesis máxima", y hemos explícitamente destacado que ella aporta muy significativos elementos para responder a la interrogante sobre la inserción y el aporte de la economía de solidaridad en un proyecto de transformación social y de desarrollo. De hecho, en nuestros propios trabajos y exposiciones hemos alimentado teóricamente la línea interpretativa correspondiente a ésta hipótesis; así como también nos hemos ocupado de contribuir al desarrollo de las otras dos hipótesis, aportando algunos elementos en la dirección de las respectivas "variantes" anotadas anteriormente.

¿Hay en esto un contrasentido, o una inconsecuencia teórica? Es importante detenerse brevemente sobre el punto, porque a partir de ello pueden esclarecerse también otros aspectos del trabajo intelectual relacionado con procesos de organización popular y con políticas de transformación.

Ya mencionamos dos de los elementos claves del problema. El primero es que las concepciones ideológicas son, de hecho, al menos en la fase evolutiva actual de nuestras sociedades y civilización, un factor importante para el desarrollo, potenciamiento y dinamización de la acción, tanto a nivel de los individuos como de los grupos organizados. Estas concepciones claras, simples, volcadas hacia el futuro, que integran elementos valóricos con aspectos analíticos y críticos de la realidad presente, permiten alcanzar cierta necesaria unidad y coherencia mediante las cuales la actividad práctica resulta potenciada. De allí que no podemos prescindir de las ideologías, negarlas simplemente, o dejarlas correr intactas al lado de lo que hacemos en otro plano de la reflexión y del conocimiento; son una parte -relevante- de la realidad, y sobre su dinámica y desenvolvimiento puede ser conveniente actuar y desplegar también a ese nivel una actividad transformadora.

El segundo elemento del problema lo mencionamos también cuando señalamos que cada una de las concepciones ideológicas contiene una parte de verdad; en efecto, ellas son formas de conocimiento, estructuras del pensamiento y de la conciencia capaces de atrapar verdades y valores incluso muy elevados, aunque las expresen de manera que -desde un punto de vista científico o filosófico más amplio y profundo- puede parecer demasiado simple, escasamente elaborado, excesivamente o insuficientemente crítico, etc. Si es así, relevante será partir de estas formulaciones ideológicas para avanzar hacia una verdad o un conocimiento más amplio, profundo y refinado; y no sólo ello, sino también aplicarse para el desarrollo ulterior de aquellos elementos valóricos o cognoscitivos válidos, para la expansión de aquella parte de verdad que contengan. He aquí un contenido esencial de aquella acción transformadora que es preciso realizar también a nivel de las ideologías (consideradas como hechos sociales operantes); acción transformadora que no puede realizarse adecuadamente desde afuera, sino poniéndose y moviéndose en su propio medio o elemento. Pero es de advertir que tal trabajo es legítimo sólo si se toma cierta distancia del discurso ideológico, en el sentido de explicitar lo que verdaderamente es: su carácter de conocimiento hipotético, provisorio, parcial, insuficiente, punto de partida o "hipótesis" para un conocimiento superior, que no debe considerarse como excluyente con respecto a otras hipótesis del mismo nivel que también contienen su parte de verdad y de valor.

El mayor peligro para el conocimiento y la cultura es la dogmatización de las ideologías, su absolutización y totalización.

El tercer elemento del problema deriva de considerar realistamente las posibilidades culturales existentes en el medio en que se desenvuelven específicamente las organizaciones económicas populares. Los conocimientos científico y filosófico son especializaciones; el razonamiento teórico complejo es una actividad cultural de alta especialización, que requiere procesos previos, prolongados y complejos, de estudio, formación y perfeccionamiento. No cabe duda que también la ciencia y la filosofía son concepciones parciales, simplificaciones de la realidad, en las que se entremezclan elementos válidos con aspectos erróneos que deben ser trabajosamente desplazados mediante nuevas investigaciones. Pero el problema es otro, y consiste básicamente en que la mayor deformación y el error más grave pueden provenir de conocimientos científicos verdaderos que son aislados y sacados de su contexto -el contexto de las hipótesis y teorías científicas- e incorporados a un modo de pensar diferente, o sea subsumidos en una concepción ideológica. Mucha más verdad y conocimiento puede haber en un conjunto de afirmaciones de carácter ideológico que en otro conjunto de afirmaciones científicas mal interpretadas o insertas en un discurso ideológico que no es el propio de ellas.

La consideración conjunta de estos tres elementos permite comprender el sentido y la importancia que puede tener una elaboración intelectual que se desenvuelve al nivel de las formulaciones ideológicas; y nos permite identificar el significado de contribuciones específicas como las que hemos intentado hacer a las hipótesis interpretativas del fenómeno de las organizaciones económicas populares, y en particular a la "hipótesis máxima". La indispensable "distancia" que tomamos respecto de ellas la manifestamos no sólo explicitando las advertencias anteriores sobre su carácter ideológico, sino también al individuarlas y caracterizarlas precisamente como "hipótesis" (o sea, formulación provisoria, aún no demostrada y sujeta a corrección, modificación y falsificación), y sobre todo, al manifestar expresamente insuficiencias y críticas a las mismas.

Esto último adquiere especial significado respecto a la hipótesis máxima, dada precisamente la preferencia o el "interés especial" que ponemos en ella. Reiteramos, pues, lo que dejamos anotado ya en aquella primera presentación de las hipótesis, a saber que "este proceso es aún incipiente, de modo que nuestra formulación conceptual constituye una anticipación teórica de una realidad no perfectamente perfilada". Y agregamos en nota a pié de página: "Lo que nos parece incipiente y no perfectamente perfilado se refiere específicamente a lo que este proceso organizativo puede significar como germen de una nueva estructura de la acción popular transformadora, como proceso organizativo alternativo capaz de proyectarse con autonomía, lo que permanece aún como una hipótesis que ha comenzado a asomar en algunos sectores y que -como expondremos más adelante- en cierto modo compartimos"(9). Y lo que anotamos en otra ocasión posterior: "En relación con la hipótesis máxima convendría señalar, por ejemplo, que el diagnóstico de la crisis (del que parte) aún cuando sea válido en lo esencial puede ser engañoso si no se tiene en cuenta que lo que se engloba bajo el concepto de crisis "orgánica" o de civilización no es el derrumbamiento de la realidad entera, de modo que el diagnóstico de ésta debiera incluir una atenta consideración de aspectos positivos, tendencias y potencialidades presentes también en nuestras sociedades y que no podríamos definir como estando en crisis. También con respecto a la alternativa (en que se piensa al formular la hipótesis) habría que decir que junto a estas experiencias emergentes hay muchas otras con las que pueden confluir en una misma perspectiva de transformación y desarrollo; que un proyecto orientado hacia la emergencia de una nueva civilización debe incluir una multiplicidad de procesos económicos, sociales, políticos y culturales, a través de una pluralidad de sujetos y movimientos organizados, y a través de respuestas a las crisis en los varios planos en que ésta se manifiesta: individual, social, nacional, internacional, planetario" (10).

De todo lo anterior podemos concluir que es necesario superar la ambigüedad que deja el planteamiento de líneas interpretativas diferentes, mediante la elaboración de una teorización coherente y unitaria, que supere el nivel ideológico y se desenvuelva en el plano de la búsqueda científica.

Ahora bien, acceder a un plano de búsqueda teórica y científica de las perspectivas y de las potencialidades transformadoras de estas formas de economía popular y solidaria, supone examinar y elaborar una serie de cuestiones, a saber:

a) Penetrar en la comprensión de la racionalidad especial y de la lógica económica propia de estas organizaciones y experiencias; examinarlas, pues, teóricamente, más allá de su simple análisis descriptivo y de la sistematización de las experiencias mismas. La importancia de esto está en que las organizaciones (de cualquier tipo que sean) pueden hacer y aportar de sí mismas lo que está implícito en su esencia: lo que pueden dar no es sino el despliegue práctico de su propia racionalidad y de sus modos de ser y de comportarse.

b) Poner de manifiesto el grado de autonomía -y el modo de ésta- que las organizaciones pueden alcanzar, tanto consideradas individualmente como en conjunto (o sea, en la medida que puedan constituir un sector de economía solidaria capaz de operar como una fuerza o movimiento social independiente). Aspecto importante de clarificar pues las posibilidades transformadoras de cualquier sujeto económico, social o político, dependen en gran medida de su capacidad de sustraerse a la subordinación y dependencia respecto a los poderes dominantes o a cualquiera de las fuerzas dadas que pretendan mantenerlos subordinados.

c) Examinar los contenidos y los modos de desenvolvimiento del proyecto de transformación social en que estas organizaciones y experiencias pueden insertarse, y en función de tal proyecto precisar el modo de participación y el aporte que ellas pueden dar. Esto ha de hacerse tanto en el plano de la economía como de la política.

d) Analizar el problema del desarrollo y profundizar en los lineamientos de un desarrollo alternativo en el cual a estas organizaciones y procesos les corresponda un determinado rol que cumplir.

Procederemos a examinar estos cuatro elementos del problema, al nivel necesariamente resumido en que puede hacerse en un escrito de las dimensiones de éste; aún así, no podemos prescindir de un procedimiento analítico, por el cual es ineludible transitar si se quiere acceder a una comprensión integradora.

(7) Ver Razeto et al., Las organizaciones económicas populares, cit., capítulo 6. Aquella formulación de la hipótesis es más simple de lo que hacemos aquí, pero en contrapartida proporcionamos allí más elementos analíticos sobre los elementos de realidad en que se fundan, las implicaciones y problemas que representan respecto a un conjunto de aspectos prácticos, y sobre la validez relativa de cada hipótesis.

(8) Idem, págs. 106-107.

(9) Idem., págs. 1-2.

(10) L. Razeto, Sobre la inserción y el aporte de la economía de solidaridad en un proyecto de transformación social. Area de Pastoral Social, Conferencia Episcopal de Chile. Seminario Nacional "Artesanía". Santiago, 1986, págs. 35-36.

CAPITULO III

RACIONALIDAD ECONÓMICA Y LÓGICA OPERACIONAL DE LA ECONOMÍA POPULAR DE SOLIDARIDAD

1. Elementos de la racionalidad y del modo de acumulación propios de las unidades económicas solidarias.

La racionalidad especial de los diferentes tipos de unidades económicas deriva de un conjunto de elementos, a saber, de los sujetos que las organizan con sus particularidades, objetivos e intereses, de los tipos de relaciones que se establecen entre los integrantes de la organización, de las relaciones de ésta con el exterior y en particular en los distintos circuitos de distribución y asignación de recursos, y de las formas de propiedad que se establezcan en ellas.

Siendo así, y dada la diversidad de situaciones en cada uno de estos aspectos, no es posible identificar una sola lógica operacional para todas estas organizaciones, sino que también a este nivel se manifiesta su acentuada heterogeneidad. Sin embargo, sobre la base de un conjunto de elementos comunes asociados especialmente al carácter popular y solidario de estas unidades y actividades económicas, es posible considerar la existencia de una cierta racionalidad especial que comparten (con mayor o menor grado de identificación, según los casos). De ella podemos señalar algunos elementos claves.

Un primer elemento de esta racionalidad consiste en que el objetivo de estas organizaciones es enfrentar unidamente un conjunto de necesidades humanas, individuales y sociales:

necesidades de subsistencia fisiológica, de convivencia y relación con los demás, de capacitación y desarrollo cultural, de crecimiento personal y de identidad social, de autonomía y de integración crítica a la sociedad. En este sentido, se trata de organizaciones económicas, pero no economicistas.

La participación de las personas en ellas implica no solamente trabajar, producir, vender y comprar, sino todo un modo de vida, una práctica social y grupal compleja que tiende a ser integral; más que de "estrategias de subsistencia" habría que hablar de estrategias de vida.

Un segundo elemento de esta racionalidad económica consiste en un vínculo estrecho que en ellas se establece entre producción, distribución y consumo. En la economía solidaria existe alguna división del trabajo, relaciones comerciales con terceros, y procesos monetarios de distribución; pero lo más característico que tienen en sus relaciones internas y con otras organizaciones similares, es que en ellas se comparte y se coopera a fin de que las mediaciones monetarias entre la producción y el consumo sean las menores posibles. No todo trabajo tiene un precio o remuneración, y no siempre lo que cada uno recibe corresponde a un aporte de valor equivalente.

El tercer elemento, derivado de los anteriores, se refiere al concepto de eficiencia que es propio de estas unidades económicas. En ellas, la relación entre los objetivos y los medios, y entre los beneficios y los costos, trasciende un cálculo estrictamente cuantitativo. Objetivos y medios se encuentran altamente entrelazados; así, el cumplimiento de determinados objetivos (por ejemplo, la satisfacción de ciertas necesidades básicas) puede ser un medio para la satisfacción de necesidades relacionales y de convivencia, y a la inversa. El uso del tiempo puede presentarse a la vez como un costo y como el logro de ciertos objetivos. De este modo, no siempre es posible medir la eficiencia cuantitativamente, porque los beneficios y los costos pueden no tener expresión monetaria, ni son completamente separables.

Como resultado de ello, la evaluación de la eficiencia suele ser un proceso de apreciación que los integrantes de la unidad hacen sobre el logro de sus objetivos complejos y el uso de los medios disponibles; apreciación que incluye aspectos cuantitativos y cualitativos, elementos objetivos y subjetivos.

Las unidades económicas populares ofrecen a sus integrantes un conjunto de beneficios y satisfacciones extraeconómicas que se suman a la cuenta o apreciación global que cada miembro realiza. Cuando se mide el producto generado por estas organizaciones, se ha de considerar no solamente la producción física sino también un conjunto de servicios que, si no hubieran sido generados en la misma organización, las personas habrían tenido que adquirir en el mercado.

También por el lado de los costos, la operación implica un conjunto de ahorros importantes: la gestión colectiva basada en el trabajo adicional, la ausencia de costos de información y comunicación, el autocontrol del trabajo, la gratuidad de numerosas prestaciones, el empleo de tiempos parciales y discontinuos o de fuerza de trabajo secundaria que no tiene ocupación en otros tipos de empresas, el aporte de la creatividad social, el uso de medios de trabajo de bajo costo, etc., constituyen un conjunto de aspectos que redundan en el hecho que las unidades económicas solidarias operen con menores costos de factores.

Por todo lo anterior, estas organizaciones muchas veces están en condiciones de ofrecer su producción de bienes y servicios a precios competitivos incluso de la oferta equivalente de empresas que operan con altas economías de escala y tecnologías modernas.

Teniendo en cuenta esto, se puede comprender también que no es posible aplicar a estas actividades económicas, a sus formas de gestión, a sus procedimientos tecnológicos, a sus factores humanos y materiales, los mismos criterios de eficiencia que valen en otros tipos de empresas que operan con rigurosos criterios de maximización de las ganancias monetarias.

Esto no excusa de otras fuentes de ineficiencia que son propias de estas formas económicas. Muchas de ellas manifiestan en su operación ineficiencias significativas, que podrían ser superadas sin dejar de funcionar en los términos de la racionalidad solidaria. Encontramos ineficiencia, por ejemplo, cuando la multiplicación de actividades grupales dificulta la continuidad de las operaciones productivas y comerciales; cuando la combinación de factores no respeta los requerimientos de proporcionalidad técnica (por ejemplo, la situación en que la fuerza laboral es sobreabundante en relación a la dotación de medios de trabajo); cuando la gestión se encuentra dificultada por procedimientos demasiado complicados, o por la interferencia de conflictos originados en motivos extraeconómicos; cuando la fuerza de trabajo autogestionada cede a la tendencia de ahorrar esfuerzos sin cuidar suficientemente las exigencias de calidad y cantidad de la producción, necesarias para alcanzar un funcionamiento de equilibrio; etc.

Un último elemento importante de la racionalidad de estas organizaciones, que aquí alcanzamos solamente a mencionar, se refiere al modo de acumulación que les es propio. En la medida que éstas unidades económicas establecen con terceros relaciones de mercado, ellas tienen la posibilidad de acumular los excedentes no consumidos, formar un capital de reservas y hacer inversiones productivas en la misma unidad. Sin embargo, el tipo principal de acumulación consiste en el desarrollo de valores, capacidades y energías creadoras por parte de los sujetos que participan en ella.

Puede decirse que en estas organizaciones se busca asegurar el futuro no sólo por la posesión de activos materiales, sino sobre todo por la riqueza de las relaciones sociales, y por el potenciamiento de las capacidades y recursos humanos que una vez adquiridos estarán siempre disponibles para enfrentar necesidades crecientes, recurrentes y nuevas (11).

2. La lógica operacional particular de los talleres laborales de autosubsistencia.

Los anteriores elementos de la racionalidad especial de las organizaciones económicas populares constituyen -como señalamos- aquellos aspectos comunes, compartidos por una gama heterogénea de unidades económicas solidarias de distinto tipo. Procederemos ahora, brevemente, a exponer la lógica operacional particular de los talleres que producen bienes y servicios en forma autogestionada y con objetivos de autosubsistencia de sus miembros.

Se trata de uno de los tipos de organización económica popular, cuyas características pueden ser expresadas así: unidades económicas pequeñas, que operan con una reducida dotación de capitales y equipos, y con tecnologías simples que implican utilización intensiva de fuerza de trabajo generalmente poco calificada, que han sido organizadas asociativamente por trabajadores que no encuentran ocupación en otro tipo de empresas, y que cooperan entre ellos en base a la puesta en común de sus capacidades de trabajo, para enfrentar solidariamente el problema de la subsistencia.

Antes de entrar en el asunto, es conveniente recordar que al hablar de "lógica operacional" nos colocamos en un nivel de abstracción que expresa relaciones esenciales, muchas veces implícitas en la operación concreta de la unidad económica, y no en un plano descriptivo de los comportamientos y modos de pensar explicitados por las personas; y que en tal abstracción, se procede a una simplificación de la realidad, de manera que no se expresa conceptualmente lo que sucede en la práctica, sino que se proporciona un instrumento de análisis y comprensión de esa práctica.

En este tipo de unidades económicas, el objetivo principal de todas las operaciones y transacciones económicas es la subsistencia de sus miembros con sus familias, es decir, la satisfacción de sus necesidades fundamentales. Siendo así, el cálculo de ganancia monetaria y la acumulación de excedentes no son determinantes.

El elemento económico fundamental es simplemente el ingreso

neto que los trabajadores obtienen como resultado de su trabajo, que puede ser directamente en bienes y servicios producidos o en ingresos monetarios obtenidos con la venta de la producción. Tal ingreso es medido o apreciado desde el punto de vista de las necesidades de consumo que permita satisfacer, pudiendo ser escaso, suficiente o abundante.

Lo que los trabajadores invierten en la unidad económica es su propia fuerza de trabajo y su tiempo, ocupados en distintos grados posibles de intensidad y duración. Tal inversión es medida o apreciada desde el punto de vista de la fatiga y/o satisfacción que proporcione a los trabajadores, que puede ser excesiva, adecuada o reducida.

En cuanto se funciona con estas dos variables principales (ingreso neto y tiempo de trabajo), el equilibrio en este tipo de empresas de subsistencia estará dado por el nivel de producción en que se establezca un balance entre lo que los trabajadores consideran como un adecuado nivel de satisfacción de las necesidades de consumo, y lo que consideran como un adecuado nivel de intensidad del trabajo que realizan. (Con la advertencia de que el término "adecuado" expresa, en ambos casos, lo que a los miembros de la organización les es finalmente aceptable, dadas las condiciones restrictivas de la situación económica y de sus propios niveles de vida).

Para que los talleres funcionen y permanezcan en actividad, es preciso, entonces, que en ellos se establezca un balance subjetivo entre sus aspiraciones respecto a beneficios y sus disposiciones respecto a esfuerzo y dedicación al trabajo, en el concreto aquí y ahora de su operación. Si los integrantes de la organización consideran que los beneficios que obtienen son demasiado pocos para el trabajo y esfuerzo que realizan, dejarán la organización; y lo harán también en el momento que consideren que el esfuerzo que deben realizar para obtener ingresos suficientes, les resulta excesivo.

Por esto, el punto de equilibrio quedará empíricamente dado por la situación en que los trabajadores decidan no aumentar el trabajo y el tiempo de dedicación, por considerar que esa intensificación del trabajo sólo les permitiría la satisfacción de algunas necesidades suplementarias de las que pueden prescindir, o que no compensan subjetivamente el mayor tiempo de trabajo.

Estamos, pues, ante un mecanismo de apreciación subjetiva del equilibrio similar al de las unidades económicas campesinas, estudiado por A. V. Chayanov (12). Hay sin embargo una diferencia importante, que deriva del hecho que los talleres asociativos de subsistencia pueden incrementar su fuerza de trabajo incorporando otros trabajadores en condiciones de igualdad; y pueden también incrementar su dotación de recursos materiales reduciendo transitoriamente el consumo para destinar parte de los ingresos a la inversión necesaria. En otras palabras, ellos pueden modificar tanto la variable trabajo como la variable consumo, adoptando las decisiones correspondientes. En ambos casos, el punto de equilibrio de la empresa se modifica, en la expectativa de que el resultado sea favorable, pero pudiendo también implicar el riesgo de hacer inviable la continuación de la operación.

El análisis de estas variaciones es bastante complejo, y queda fuera de las pretensiones de esta presentación. Nos limitamos a hacer notar que la incorporación de un nuevo trabajador al taller trae consigo:

a) un aumento de la producción y de los ingresos totales, que sin embargo implica en algunos casos una disminución de los ingresos medios de cada integrante, pues el ingreso total deberá distribuirse entre más trabajadores;

b) un aumento del trabajo conjunto y del tiempo total de actividad, que sin embargo puede significar que el trabajo y el tiempo de dedicación de cada integrante disminuya;

c) un cambio en la misma apreciación o criterio de juicio sobre el nivel adecuado de ingresos y de intensidad del trabajo, porque el nuevo integrante puede aportar ideas y valores, cualidades y defectos, opiniones y experiencias diferentes;

d) un cambio en la combinación de factores, toda vez que el ingreso del nuevo trabajador no implica correspondientes inversiones en medios de producción, o bien toda vez que implique su aportación de conocimientos técnicos y de sus capacidades de gestión, de un tipo o grado distinto (mayor o menor) que el de los socios anteriores.

En cuanto a la formación de un capital de excedentes ahorrados para invertirlo en nuevos medios de trabajo o recursos técnicos, cabe señalar que ello implica:

a) una disminución del consumo y satisfacción de necesidades durante el período del ahorro;

b) un probable incremento futuro del consumo y de la satisfacción de necesidades, que se puede obtener con el uso de los factores adquiridos con el ahorro;

c) una probable disminución de la intensidad del trabajo necesario, pues la nueva inversión probablemente significará reemplazo de energía y trabajo humano por instrumentos de mayor productividad que los anteriores;

d) en consecuencia, un período de restricción, en que el taller corre el riesgo de salirse de su nivel de equilibrio, y una perspectiva futura más holgada, en que se alcance un nivel de equilibrio más ventajoso para la organización y sus integrantes.

3. Sobre la viabilidad económica de los talleres laborales.

Considerando estos distintos aspectos pueden analizarse con rigor las condiciones de la viabilidad de estas organizaciones. Simplificando tal análisis, podemos advertir lo siguiente:

a) Este tipo de unidades productivas puede cumplir su objetivo fundamental que es la satisfacción de las necesidades básicas de sus miembros, mediante su esfuerzo autónomo.

b) Estos talleres pueden mantenerse en operación y funcionar establemente, mientras no cambie el juicio subjetivo de sus miembros sobre la intensidad del trabajo y las necesidades de consumo por satisfacer, y siempre que se preocupen por reponer sus medios de trabajo.

c) Si el taller se limita a reponer sus medios de trabajo a medida que se deterioran, sin mejorar e incrementar los demás factores, es altamente probable que no tengan una vida prolongada, porque es natural (también por razones biológicas) que a medida que pasa el tiempo la apreciación subjetiva de la fatiga del trabajo necesario para obtener un determinado nivel de ingresos sea creciente; y tienden a ser igualmente crecientes las necesidades de consumo por satisfacer, dadas las influencias culturales provenientes del mercado externo, y también en ocasiones por razones naturales: crecimiento del grupo familiar, enfermedades asociadas al paso de los años, etc. Por todo ello, al taller le resultara siempre mas difícil operar en condiciones de equilibrio.

d) La consolidación y crecimiento de los talleres supone el desarrollo sistemático de una política de perfeccionamiento tecnológico, aprendizaje practico e incremento de la productividad del trabajo, mejoramiento de las capacidades de gestión mediante la capacitación y la experiencia, y ampliación de los medios de trabajo en base al esfuerzo interno de ahorro y capitalización.

En estos casos en que tales procesos logren verificarse, es probable que el taller de subsistencia se convierta progresivamente en una empresa autogestionada o cooperativa de trabajadores con mayores perspectivas de crecimiento. De lo contrario, su mantención y pervivencia dependerá de la regularidad con que puedan obtener las ayudas y donaciones necesarias. La alternativa es, entonces, mantenerse en la subsistencia en condiciones de dependencia, o alcanzar la autonomía desarrollándose y adquiriendo las características de la empresa de trabajadores (13).

(11) Un análisis más profundo y riguroso de la racionalidad especial de la economía de solidaridad puede leerse en L. Razeto, Economía de solidaridad y mercado democrático, Libro primero, Ediciones PET, Santiago 1985; especialmente los capítulos VI a IX.

(12) Ver A. V. Chayanov, La organización de la unidad económica campesina, Ediciones Nueva Visión SAIC, Buenos Aires, 1974. Hemos utilizado libre y ampliamente las elaboraciones de Chayanov en esta presentación de la lógica operacional de los talleres laborales de subsistencia.

(13) Para un análisis más amplio y detallado de la lógica operacional de los talleres laborales de autosubsistencia, ver L. Razeto, Empresa de trabajadores y economía de mercado, Ediciones PET, Santiago 1982, capítulo 9. En los capítulos 10 y 11 se analizan las lógicas particulares de las cooperativas tradicionales y de un modelo renovado de empresa de trabajadores. Sobre las lógicas propias de otros tipos de unidades económicas alternativas, ver también L. Razeto, Las Empresas Alternativas, Ediciones PET, Santiago 1986.

CAPITULO IV

LA CUESTIÓN DE LA AUTONOMÍA Y DE LAS RELACIONES CON EL MERCADO Y CON LAS INSTITUCIONES DE APOYO

1. El significado de la autonomía y el grado de autosuficiencia requerida.

Entre los temas que mayor interés han despertado al interior de las organizaciones económicas populares y otras formas de economía solidaria y cooperativa, el de la autonomía que ellas puedan alcanzar en su operación y gestión y el del modo de su inserción y participación en el mercado, constituyen un centro de preocupación y discusión verdaderamente crucial. Ambos temas se encuentran tan estrechamente ligados, que no es posible avanzar en la clarificación de uno sin proceder simultáneamente a un análisis riguroso del otro; desgraciadamente, la discusión sobre ambos se ha desenvuelto a menudo separadamente, lo que ha impedido acceder a un nivel de comprensión científica del asunto, superando puntos de vista y adopción de posiciones en base a consideraciones o deducciones de índole puramente ideológica.

Nos proponemos poner de manifiesto la indisoluble conexión de ambos problemas y adelantar algunas líneas de respuesta y proposiciones de acción, a partir de un planteamiento teóricamente riguroso del asunto. Una adecuada comprensión de estos problemas ha de proporcionarnos, además, importantes elementos para profundizar la más amplia cuestión de las potencialidades que estas formas de organización económica puedan desplegar en la perspectiva del desarrollo económico y de la transformación democrática del mercado.

El término "autonomía" puede ser entendido de diferentes

maneras, y de hecho se lo utiliza en distintos sentidos, razón por la cual es necesario precisar el contenido que aquí queremos darle al concepto.

En términos generales, "autonomía" apunta a individualizar una situación de independencia de la organización respecto de agentes externos de diverso tipo, tal que la adopción de decisiones se verifique por los mismos sujetos integrantes de ella, en función de sus propios objetivos, intereses y modos de pensar.

Ahora bien, es obvio que toda organización y toda acción se encuentra condicionada y enmarcada por las circunstancias y el contexto en que existe y se desenvuelve, de modo que no es posible pensar en una autonomía absoluta (que sería exclusivamente propia de un ser perfecto y todopoderoso) sino en algún grado de autonomía relativa. Esto significa, más concretamente, que la autonomía consiste y se verifica en el modo en que la organización se relaciona con los otros sujetos y organizaciones con que interactúa durante su funcionamiento y operación; y al mismo tiempo, que la autonomía se alcanza precisamente a través de esas relaciones, cuando se desenvuelven de un cierto modo, con ciertas características, con determinadas tendencias y dirección. La autonomía no es, pues, un hecho, sino un proceso; no es dato, sino un sistema de relaciones.

Establecido este carácter relativo y condicionado de la autonomía posible y deseable de alcanzar, podemos dar un segundo paso en la definición de nuestro concepto, en función de precisar el significado que la autonomía tiene para y en estos tipos de organización a que nos estamos refiriendo. Se trata, más exactamente, de identificar la dirección del proceso de autonomización mencionado.

El punto de partida en que se encuentran los sujetos que forman estas organizaciones suele ser una situación de extrema dependencia, dada por la incapacidad de enfrentar sus problemas y satisfacer sus necesidades (incluso las de la subsistencia elemental) en forma individual. Ellos se organizan, precisamente para superar en alguna medida esa extrema precariedad. El hecho de constituir una organización económica de tipo autogestionario es de por sí un primer paso en el proceso de autonomización, y señala inmediatamente la dirección del proceso iniciado y el objetivo perseguido.

Podemos expresar tales objetivos y dirección como la búsqueda de control sobre las propias condiciones de vida, que se inicia con el simple acceso a los medios de subsistencia y debe prolongarse en una creciente capacidad de controlar las condiciones materiales, sociales y culturales en que se desenvuelven sus vidas. En otras palabras, si se busca autogestionar la propia organización, adoptando decisiones en función de los objetivos e intereses de sus integrantes con las menores interferencias posibles de agentes externos, se hace con la intención de ejercer algún grado de autocontrol sobre las circunstancias y condicionamientos que enmarcan y contextualizan las actividades del grupo y la satisfacción de sus necesidades.

Si esto es claro cuando la organización se forma mediante la asociación de trabajadores desempleados y de personas carentes de medios para asegurar su subsistencia, la dirección señalada es también manifiesta cuando a las organizaciones autogestionadas se integran trabajadores que dejan su empleo asalariado y dependiente con el propósito de trabajar en algo propio o en forma cooperativa.

En la dirección del proceso de la autonomía se encuentra, pues, algún grado de autosuficiencia que la organización como tal quiere alcanzar, para asegurarle a sus integrantes la superación de su precariedad y dependencia vital, y un progresivo perfeccionamiento y desarrollo personal de los mismos, esto es, la ampliación y potenciamiento de sus capacidades (de trabajo, de gestión, de administración, de iniciativa y creatividad, etc.).

La autonomía no está dada, entonces, sólo por la posesión de cosas y activos económicos, sino principalmente por la ampliación de los espacios de libertad y de las capacidades y fuerzas propias de los individuos y grupos.

Un tercer peldaño en la individuación del concepto de autonomía puede subirse en base a ésta última consideración. Si el tema de la autonomía ha estado tan presente en el debate sobre estos tipos de organización, si en tal debate el mismo concepto ha adoptado distintas acepciones y se ha enmarcado en disputas de tinte ideológico, si nos ha sido necesario partir señalando que el tratamiento del problema no puede hacerse rigurosamente sin vincularlo al de las relaciones que las organizaciones establecen en el mercado, y si -finalmente- tiene sentido la explicitación de algo tan obvio como que la autonomía no puede ser sino relativa, es porque de las organizaciones económicas populares, solidarias y cooperativas se suele esperar y esperamos un tipo de autonomía distinto, que nadie pensaría en plantear respecto a las empresas capitalistas o estatales. La razón para ello ha de encontrase en la voluntad para ser distintas, de operar de otro modo, de constituir una alternativa, que caracteriza a estas organizaciones y a la economía solidaria, cooperativa y autogestionada. La búsqueda de la autonomía se refuerza con la pretensión de la alteridad.

Ello hace más fuerte la tensión hacia la autonomía, agrega motivos adicionales para superar las dependencias, y pone requerimientos de un mayor grado de autosuficiencia. Pero es oportuno advertir que no ha de confundirse autonomía y autosuficiencia con aislamiento, y ello precisamente porque las organizaciones quieren ser alternativas y transformadoras. Un grupo que se aísla del resto de la sociedad limita, por ese mismo hecho, el impacto que pueda ejercer sobre ella. Un grupo que se aísla corre riesgos muy grandes de deterioro interno, por desgaste de energías en asuntos de menor importancia, y por falta de estímulos para desarrollarse. Por ambos motivos, es conveniente que cada unidad económica y el sector solidario como un todo, se encuentren insertos en la economía general, que participen "a su manera" en el mercado, sin perder su propio carácter y el modo de operar; participación que debiera a la vez estimular su dinamismo propio y tener efectos democratizadores y transformadores de la economía en general. El problema consiste, exactamente, en evitar que dicha participación implique pérdida de identidad, instrumentalizaciones, adopción de procedimientos contradictorios, consecuencias de alguna subordinación estructural.

En síntesis, el problema de la autonomía consiste en identificar (teórica y prácticamente) un modo de organización y operación internos y un sistema de relaciones con el mercado externo, que permita avanzar en un proceso por el cual las organizaciones adquieren creciente independencia y autosuficiencia para adoptar libremente decisiones en función de sus propios objetivos e intereses, en la perspectiva de un progresivo desarrollo de las capacidades personales y de control sobre las propias condiciones de vida, desplegando un modo de ser y de actuar alternativo que en alguna medida se proyecte hacia una transformación democrática de las relaciones económicas y sociales.

La pregunta relevante que puede orientar las decisiones para avanzar en un proceso de autonomización de las organizaciones es la siguiente: ¿cuándo una unidad económica puede considerase completa, en el sentido de que sea capaz de operar eficientemente y de tomar sus propias decisiones, sin necesidad de ayudas externas ni de recibir donaciones que impliquen dependencia?

2. Cuándo una unidad económica está en condiciones de decidir y operar con autonomía.

La respuesta es más simple de lo que suele creerse, y tiene un carácter marcadamente técnico: para que una unidad económica pueda operar eficientemente sin dependencias externas, es preciso que posea todos los factores necesarios para operar, en las cantidades y proporciones suficientes para generar los activos o ingresos económicos indispensables para satisfacer las necesidades de consumo de sus integrantes y para la reposición (y ampliación) de los factores utilizados.

Son cinco los factores necesarios para el funcionamiento de una unidad económica: la fuerza de trabajo (energías y capacidades generales y especializadas, para la ejecución de las tareas de producción, comercialización, administración, etc.); la tecnología (informaciones y conocimientos prácticos relativos a las operaciones y funciones propias de la unidad, para diseñar los productos y programar los procesos técnicos); los medios físicos de trabajo (local o lugar de trabajo, materias primas e insumos, equipamiento instrumental y maquinaria); el financiamiento operacional (dinero para adelantar los gastos de operación); y la gestión (capacidades de organización, administración y dirección, y mecanismos adecuados para tomar decisiones en tiempo útil).

Todos los factores deben encontrarse combinados y proporcionados recíprocamente. En efecto, cada uno de ellos es necesario en cantidades y calidades definidas, correspondientes al nivel de actividad en que la unidad económica pueda asegurar su reproducción y, eventualmente, su crecimiento. La operación de la unidad requiere, también, que la combinación en que todos estos factores se encuentren al interior de la organización sea eficiente, lo cual significa, fundamentalmente, una cierta proporcionalidad definida entre ellos.

Con lo anterior, podemos comprender muy bien la extrema precariedad y la gran dependencia que manifiestan muchos talleres laborales y organizaciones económicas populares de distinto tipo. En efecto, a menudo se forman talleres teniendo sólo uno, dos, o tres de estos factores; por ejemplo, la fuerza de trabajo y algunas herramientas, o la fuerza de trabajo, ciertos conocimientos técnicos, y alguna capacidad rudimentaria de gestión. Pero basta que uno solo de los cinco factores falle, para que la unidad económica no pueda operar: si no hay capacidad de gestión, o es muy escaso el dominio del proceso tecnológico, o falta un mínimo de financiamiento para comprar materias primas y mantener la operación, el funcionamiento de la organización inevitablemente se detiene.

Por otro lado, es posible -y es la situación más corriente- que uno o varios de los factores forme parte de la unidad económica en cantidades y calidades excesivas o bien insuficientes; por ejemplo, puede haber demasiada fuerza de trabajo para una dotación limitada de medios físicos, o escasa capacidad de gestión respecto a una dotación determinada de medios físicos, tecnología y fuerza de trabajo. Pues bien, como estos cinco factores son recíprocamente independientes y sólo marginalmente es posible que se reemplacen unos a otros, el nivel de actividad y los resultados de la operación se encontrarán limitados por la menor cantidad o más baja calidad del factor más débil en la organización. Este factor constituye su "cuello de botella"; y es conveniente detenerse a pensar que puede ser cualquiera de ellos, incluso la fuerza de trabajo (por más que se suponga en abstracto que los trabajadores la poseen en abundancia, pues a menudo sucede que el rubro de producción de un taller no corresponde a los oficios y especializaciones de sus integrantes).

Mediante el diagnóstico y la evaluación del grado de desarrollo que tenga cada uno de estos cinco factores, y de su concreta combinación, la unidad económica pude identificar cuáles sean los aspectos que requieren mayor aplicación y esfuerzo; y las instituciones que la apoyan y colaboran con ella pueden orientar sus servicios y donaciones en el sentido de acrecentar esos factores que se encuentren en situación más precaria o insuficiente, hasta alcanzar aquella globalidad y proporcionalidad que permita una operación autónoma y eficiente.

3. La dotación de factores y los modos de obtenerlos.

Los cinco factores necesarios pueden ser propios o externos a la unidad económica; propios son los que pertenecen a la organización misma (o a sus integrantes), y constituyen su patrimonio humano y material; externos son los que la unidad obtiene fuera de ella, sea a través de contratos, créditos o servicios gratuitos.

Mientras una parte de los factores necesarios sea externa -cualquiera sea el modo en que acceda a su uso-, la unidad económica no ha completado su formación y permanece dependiente en proporción a la cantidad y calidad de tales factores externos. El proceso de autonomización consiste, pues, a este nivel, en convertir en propios los factores externos necesarios para el funcionamiento de la unidad económica.

Recursos y factores económicos externos se encuentran diseminados por toda la economía; algunos de ellos están siendo actualmente empleados en actividades económicas por las diferentes empresas y negocios, mientras que otros están desocupados, disponibles para su utilización por quienes puedan organizarlos. Pero esos recursos y factores son siempre de alguien, que puede decidir sobre ellos y aceptar o no que se integren a unas u otras actividades económicas. Estas, pues, deben convocarlos, para lo cual deberán despertar el interés de las personas que los poseen, y ofrecerles las condiciones, recompensas, remuneraciones o motivaciones que los lleven a colocar esos recursos en estas unidades y no en otras. Vemos de nuevo, ahora más concretamente que al comienzo, como la cuestión de la autonomía se juega en las relaciones que las organizaciones logren establecer en el mercado y en el conjunto de la economía.

Pues bien, hay distintas maneras en que las unidades económicas pueden apropiarse de los recursos externos, siendo cuatro los principales caminos. El primero consiste en adquirir los factores a terceros, pagando por ellos su valor monetario de mercado. Por ejemplo, se compran equipos y máquinas; se contratan operarios; se adquieren diseños o adelantos tecnológicos; se contrata una asistencia técnica o asesoría profesional; se contrata un gerente o administrador; se consigue un crédito hipotecario que se cancela con determinados intereses. Si se observa bien, la posibilidad de apropiación de los factores por esta vía del intercambio supone que la organización cuente con un fondo de recursos acumulados (especialmente en dinero o en bienes transables), o al menos con la expectativa de ganancias próximas, como resultado de un funcionamiento exitoso, de donde podrán separarse los medios de pago requeridos. Todo esto implica una conveniente inserción en el mercado de intercambios.

El segundo camino es el de las donaciones. Por ejemplo: se reciben equipos y bienes en donación o préstamo sin interés; se acepta trabajo voluntario; se consigue una asistencia técnica gratuita; se recibe un curso de capacitación tecnológica; se obtiene apoyo financiero o materias primas para operar durante un tiempo; el grupo se beneficia con un curso de formación para dirigentes. La posibilidad de apropiación de los factores por esta vía de las donaciones, supone que la organización haga una solicitud de ellos ante instituciones y personas que operan sin fines de lucro; pero para motivar en ellos la decisión de hacer el aporte gratuito, deberán convencerlas no sólo de que necesitan y les hacen falta esos recursos, sino también de que sabrán aprovecharlos y que la organización es capaz de salir adelante; todo eso se expresa normalmente mediante un "proyecto", donde el grupo demandante expone tanto sus carencias como sus potencialidades. Sólo así se logra una adecuada inserción en el "mercado de las donaciones".

El tercer camino es el desarrollo de potencialidades propias, al interior de la organización misma, sin implicar donaciones ni intercambios. Ejemplos de este procedimiento son: la incorporación de nuevos integrantes al grupo, que incrementan la fuerza de trabajo; la fabricación y perfeccionamiento de equipos y herramientas con el esfuerzo y creatividad del mismo grupo; el aprendizaje práctico y/o teórico relativo a los procesos y funciones técnicas, a través de la experiencia o el estudio autodidacta; el ahorro interno efectuado mediante cuotas que pagan los socios o reservando una parte de los ingresos operacionales; el mejoramiento de la organización interna, precisando los criterios y mecanismos de gestión y administración, o cambiando a los dirigentes por otros más capaces, etc. Como es obvio, este tercer camino para la apropiación y desarrollo de los recursos propios requiere que el grupo esté bien integrado, que tenga alta motivación para el trabajo y el esfuerzo necesario, y que se generen iniciativas creadoras.

Hay un cuarto camino por el que las unidades económicas pueden acceder a los factores que les faltan, que son las subvenciones y aportes que las organizaciones pueden recibir del Estado y de las instituciones públicas (municipalidades, ministerios, organismos fiscales de asistencia técnica, programas especiales de fomento, etc.), como parte de planes de desarrollo y de políticas de redistribución de ingresos o asignación de recursos presupuestarios. Por esta vía las unidades económicas pueden obtener asistencia técnica, cursos de capacitación, créditos fáciles y convenientes, medios de trabajo, e incluso pueden "obtener" el ejercicio mismo de la gestión de sus actividades (es el caso, por ejemplo, de talleres laborales creados por CEMA y algunas municipalidades, en que las unidades económicas carecen de autonomía decisional).

4. El impacto de las relaciones externas en el modo de ser y operar de las organizaciones.

Hemos puesto ejemplos de apropiación de cada uno de los cinco factores, por cada uno de los cuatro caminos señalados. Ahora bien, si se observan más detenidamente esos ejemplos, se podrá notar que la calidad y características de esos factores resultarán muy distintas según el camino por el que sean obtenidos; por ejemplo, el mismo factor "gestión" será diferente si se contrata un administrador o si el grupo desarrolla colectivamente capacidades administrativas mediante un curso de capacitación; una asistencia técnica contratada en el mercado probablemente proceda con distintos criterios que una obtenida con profesionales pertenecientes a una institución de servicio sin fines de lucro; lo que pueda exigirse a un trabajador contratado es distinto a lo que pueda aportar un trabajador voluntario, o un socio de la unidad; y así en muchos casos.

Además, el camino que se siga para la apropiación del factor insuficiente influirá notablemente sobre la operación futura de la unidad económica. Por ejemplo, la valoración y el trato que se le dé a los equipos y medios de trabajo serán probablemente distintos si ellos fueron comprados, si los recibieron como regalo, o si fueron hechos con el trabajo propio; el grado de confianza que se ponga en una asesoría técnica o la atención que se ponga en un curso de capacitación, serán también diferentes si se ha pagado por el servicio o si éste ha sido obtenido gratuitamente; la productividad del trabajo asalariado, del trabajo voluntario y del trabajo asociado presenta habitualmente diferencias significativas.

La capacidad de autonomía de las organizaciones está fuertemente condicionada por el camino y el modo a través del cual obtengan la dotación necesaria de recursos. Del modo en que se establecen las relaciones con estas distintas fuentes de recursos dependen posibilidades de autonomización o riesgos de dependencia y subordinación. Debemos, pues, examinar más detenidamente el problema.

El análisis de las distintas vías a través de las que pueden las organizaciones obtener y apropiarse los factores que necesitan para su funcionamiento y desarrollo autónomo, nos permite comprender que estas unidades económicas se insertan en la economía global, vinculándose con los tres grandes sectores económicos, a saber, el mercado de intercambios, el sistema de donaciones, y el sector regulado o público.

Ahora bien, cada uno de estos tres sectores económicos distribuye y asigna recursos a los distintos agentes y unidades económicas existentes en la sociedad, pero lo hace con distintos criterios y lógicas, según las cuales seleccionan a los sujetos que se han de beneficiar. Estos son criterios de eficiencia, pero la eficiencia es entendida de manera distinta, e incluso opuesta, en el mercado de intercambios, en el sistema de donaciones y en la acción del Estado.

Como resultado de ello, las organizaciones económicas populares quedan sujetas a distintos juicios y evaluaciones, y son sometidas a diferentes exigencias y presiones. Desde cada uno de los tres sectores, pueden valorarse y criticarse sus actividades, y respecto a cada uno su participación puede ser mejorada y ampliada. Más en concreto: el juicio que da el mercado se expresa en si logran o no vender sus productos, abastecerse, obtener créditos, etc., recurriendo al mercado de intercambios; el juicio que da el sistema de donaciones se expresa en si las instituciones que ofrecen servicios y canalizan recursos gratuitos, consideran oportuno o no comprometer con ellas su acción promocional o benefactora; y el juicio del sistema público se expresa en si los órganos de decisión política les aportan o no subvenciones y ayudas.

Esta compleja vinculación con los distintos sistemas de asignación de recursos y distribución de ingresos, es causa de que en su propia estructura, funcionamiento y operación las organizaciones asuman un modo de ser y de actuar que será distinto al de aquellas otras unidades económicas que se relacionan con el resto de la economía sólo mediante relaciones de intercambio, o sólo mediante asignaciones jerárquicas.

El asunto es que, el hecho de operar en varios mercados y sectores, que les ponen exigencias distintas y a veces contrarias, las hace ser complicadas y a veces contradictorias en su propio comportamiento. Aparecen, concretamente, dificultades y problemas que es preciso identificar con precisión para descubrir las maneras de enfrentarlos. Por ejemplo: para funcionar eficazmente en el mercado de intercambios, un taller que tiene una dotación limitada de herramientas y equipamiento debiera funcionar con tres o cuatro trabajadores; pero ese mismo taller, para que sea apoyado por una cierta institución social, debe organizar un número mayor de personas, supongamos, unas quince o veinte. Así, lo que despierta una evaluación positiva del mercado de intercambio, suscita un juicio negativo del sistema de donaciones, y a la inversa.

Otro ejemplo: según el mercado, un taller funciona bien si la mayor parte de los esfuerzos de sus integrantes se dirigen a alcanzar una alta y buena producción, lo que implica dedicar el mayor tiempo posible al trabajo productivo y a la comercialización; pero según alguna institución de apoyo, esto puede ser mirado como economicismo; para ella, el taller funcionará bien si además de trabajar, sus integrantes dedicaran bastante tiempo a tareas de solidaridad, capacitación, reflexión colectiva, recreación, etc.

Aún otro ejemplo: la institución donante puede orientar la unidad económica (condicionándole el apoyo) a producir y vender a precios bajos para favorecer a la población popular, mientras que, según los criterios del mercado, a esa organización le convendría orientar su producción hacia sectores sociales más altos que puedan pagar mejores precios.

Y un último ejemplo: ¿no ha sucedido a veces que una organización económica popular que logra crecer y asegurar a sus miembros buenos ingresos, pierde por lo mismo el apoyo de una institución donante, desde donde incluso se la llega a criticar por haberse "desclasado" o alejado de la situación de pobreza compartida antes con el resto de la comunidad no organizada?

A menudo la recepción de las donaciones refuerza una cierta pasividad. Mientras el mercado de intercambios pone exigencias de competitividad, de iniciativas permanentemente renovadas que implican esfuerzos y riesgos, la recepción de donaciones puede inducir comportamientos y actitudes pasivas, toda vez que el grupo llegue a convencerse que un requisito para la mantención del beneficio es que el problema que dio lugar a la primera donación, siga presente sin solución; en tal caso la repetición de la ayuda se considerará asegurada, no sometida a más riesgo que el que provenga de algún cambio en el comportamiento o de un mejoramiento en la situación económica por parte del mismo beneficiario.

Este conjunto de problemas son muy comunes y recurrentes en las organizaciones económicas populares que funcionan simultáneamente para el mercado de intercambios y dentro de circuitos solidarios de apoyo. Esta situación explica muchas limitaciones e incapacidades de crecer que manifiestan numerosos grupos. Todos estos problemas explican en gran medida la dependencia que afecta a las organizaciones que participan como beneficiarias en el circuito de las donaciones. Esto permite comprender, también, que realmente muchas instituciones, a pesar de predicar la autonomía, de exigirla a los grupos que apoyan, y de buscar honestamente su desarrollo, de hecho son generadoras de dependencias no deseadas, pero igualmente profundas. Y permite comprender también las razones valederas que tienen a menudo las organizaciones que se quejan de que ciertas instituciones de apoyo las condicionan y limitan en su autonomía.

5. Complejidades y problemas de la autonomía respecto de las instituciones de promoción y apoyo.

En presencia de estos problemas y dificultades, algunas instituciones de apoyo optan por retirar su acción de servicio y sus donaciones, de las organizaciones económicas populares y demás formas de economía solidaria. Realmente interesadas en no generar dependencias como consecuencia de sus propias actividades de apoyo, optan por favorecer otro tipo de organizaciones populares, que no tienen carácter económico sino que orientan su acción en términos más propiamente reivindicativos, buscando formas de acción masivas y cuya eficiencia es de otro tipo, más próxima al de la lógica política.

Sin negarle validez y justificativos a dicha opción, cabe sin embargo señalar que ella implica, en definitiva, que se ha abandonado la lucha decisiva por la autonomía, pues el objetivo perseguido por tales otras formas de organización y acción ya no es el autocontrol sobre las propias condiciones de vida en base al despliegue de actividades que permiten soluciones propias basadas en el esfuerzo y desarrollo autónomo, sino la reivindicación de un mejor acceso y recepción de los beneficios sociales generados heterónomamente, sea en la economía privada como en la estatal. El resultado puede ser un mejoramiento de la inserción subordinada en esos sectores, pero no el desarrollo de sujetos autónomos no subordinados.

La opción alternativa es, por el contrario, tomar plena conciencia de las dificultades y exigencias de la verdadera y radical autonomía, y aceptar el desafío; comprender inmediatamente cuán necesaria es para alcanzarla el despliegue de la solidaridad, y al mismo tiempo cómo es ésta difícil y exigente, requiriendo no sólo honestas y claras motivaciones sino también análisis, proyectos y acción inteligentes. Examinemos, pues, más detenidamente la situación de las organizaciones.

Habitualmente las organizaciones económicas populares están constituidas por personas que han sido excluidas o marginadas, total o parcialmente, del mercado de intercambios, por carecer de bienes que vender, de dinero para comprar o invertir, de una fuerza de trabajo en condiciones de ser contratada, y que en consecuencia buscan, mediante la asociación y gestión en común de sus escasos recursos, acceder a los bienes y servicios que necesitan, en las mejores condiciones posibles. La puesta en común de los propios recursos y capacidades da lugar a relaciones de cooperación, y a una acentuada unificación de sus economías particulares en una unidad asociativa de producción, comercialización, consumo, etc. El objetivo que esta unidad tiene al operar hacia el mercado de intercambios es procurar para el grupo los ingresos indispensables para adquirir los bienes, servicios y factores que necesitan; con tal propósito, realizan actividades de producción, comercialización, intermediación y otras. Así, la organización experimenta una tensión hacia el mercado, en el sentido de buscar activamente reinsertarse en los circuitos de intercambio, o mejorar su participación en ellos.

El punto de partida de las organizaciones es, pues, una situación de extrema precariedad, y la meta inmediata es algo tan elemental como la sobrevivencia y subsistencia de sus integrantes. Ahora bien, es precisamente por esta extrema precariedad que se presenta en ellas con extraordinaria fuerza la cuestión de la autonomía. Esta, que podría aparecer como meta a muy largo plazo, aparece en cambio directamente asociada al logro de la subsistencia: si se logra la autosubsistencia en base a los propios recursos, esfuerzos y trabajos, se alcanza conjuntamente un nivel insospechado de autonomía y de libertad de operación, que no se pueden permitir a sí mismas ni siquiera unidades económicas y organizaciones sociales, gremiales y políticas poderosas que mantienen complejos y múltiples lazos con el mercado y con el sistema político.

Pero la autosubsistencia y la autonomía son una meta por alcanzar, hasta tanto las organizaciones no puedan prescindir de las donaciones y servicios o apoyos gratuitos a los que deben recurrir cuando no han todavía completado aquella dotación de recursos que les permita ingresos suficientes para reproducir y ampliar su propia actividad. Llegamos, así, a una primera conclusión importante: requisito de la autonomía es que la organización alcance una conveniente inserción en el mercado de intercambios, dejando de ser demandante de donaciones.

Corolario de esta afirmación es que, si se postula como objetivo la autonomía de la organización económica, su participación como beneficiario de donaciones ha de considerarse como una situación transitoria, que debe ser superada: las donaciones son liberadoras, no generadoras de mayor dependencia, en la medida que sean crecientemente innecesarias.

Si ello es un requisito del proceso de autonomización, se comprende la conveniencia de que el modo de operación de la unidad beneficiaria de donaciones y servicios gratuitos, sea distorsionada lo menos posible por esas fuentes de apoyo. Dicho en otras palabras, es conveniente que los flujos, relaciones y actividades que proceden en términos de donación se subordinen a la lógica operacional específica de la unidad económica popular, y que en todas aquellas situaciones en que los criterios y exigencias del sistema de donaciones entren en conflicto o se contradigan con los que son propios del mercado de intercambios, prevalezcan estos últimos. No parece haber otro modo de que las donaciones y apoyos sirvan para favorecer la inserción autosuficiente de las unidades en la economía y su operación autónoma y eficiente.

¿Habrá que sacar como conclusión que las relaciones de intercambio son superiores a las relaciones de donación; que la economía "de mercado" es más elevada que la economía de donaciones; que en la primera hay posibilidades de autonomía y en la segunda la dependencia es inevitable? No es preciso ser demasiado perspicaz para descubrir que tal conclusión implica una extrapolación y un salto lógico injustificado. No es la solidaridad lo que crea dependencia, sino que ella viene a subsanar una dependencia estructural generada en una economía marcadamente heterónoma, dependencia que se mantiene por todo el tiempo que el beneficiario necesite recibir donaciones para subsistir. Por lo demás, la participación en el sistema de donación como donante -o sea, el entregar solidaridad-, ésa es la plena libertad y autonomía. Cuando una organización que se ha beneficiado de donaciones y ayudas solidarias llega a estar en condiciones de prolongar el impulso donante dando de sí a otros que lo necesitan, podemos decir que el proceso de autonomización se ha completado y perfeccionado. La libertad de "dar con alegría" es la forma suprema o eminente de la autonomía; pero antes de alcanzarla es preciso haber construido varios peldaños anteriores, de modo que no es tan racional que los donantes esperen de los beneficiarios de su colaboración comportamientos altruistas con terceros, más allá de la solidaridad interna entre los integrantes de la organización y sus familias.

Los problemas que mencionamos anteriormente pueden encontrar en estas afirmaciones un modo de resolución, que no es difícil, ahora, identificar. Además, distintas formas de pasividad reforzadas por la recepción asistencialista de donaciones pueden ser eficazmente superadas mediante una aplicación del criterio de subordinar las donaciones a las exigencias de la cooperación y el intercambio. Así, se hace patente que no es conveniente que una organización económica sea provista con donaciones de aquellos recursos que es capaz de producir por sí misma o adquirir independientemente en el mercado de intercambios; en general, debe cuidarse que los donantes no realicen nunca aquello que las organizaciones pueden hacer por sí mismas. Y cuando debe enfrentarse cualquier carencia, más que resolverla directamente con la donación, es preferible que ésta se limite a proporcionar a la organización los medios con que ella misma pueda enfrentar el problema.

Con el mismo criterio general, descubrimos otras orientaciones relativas a los mejores modos de organización y gestión internas de las organizaciones para asegurar un avance progresivo y seguro hacia la autonomía, es conveniente que las formas de organización, de funcionamiento, de operación, de gestión, de distribución de los beneficios, etc., correspondan y sean coherentes con los intereses y con los modos de pensar, de sentir y de comportarse de sus integrantes, previamente discutidos y aprobados de común acuerdo. Lo que planteamos aquí es una exigencia de realismo, y de no manipulación de las organizaciones por quienes las apoyan, que a menudo son tentados a imponerles criterios de propiedad, estructuras de gestión, sistemas de distribución de los beneficios, modos de organización del trabajo, etc., que responden a sus propias concepciones ideológicas y valores, probablemente muy elevadas pero difíciles de operacionalizar en la práctica. Tales formas sutiles y encubiertas de presión hacen recordar la advertencia de Jesús a quienes "atan pesadas cargas y las ponen sobre los hombros de los demás".

La experiencia enseña que la adopción de decisiones se facilita y hace más eficiente cuando la forma organizativa, las normas y reglamentos internos, expresan los intereses y aspiraciones de sus integrantes, y el pensar y sentir colectivo; no sucede lo mismo cuando el grupo se encuentra condicionado por una suerte de "andamiaje" ideológico al cual deben tratar de ser fieles, pero que no les es propio, pues entonces la adopción de decisiones se torna complicada, pierde transparencia, y surgen conflictos innecesarios, además de perder seguridad y convicción.

6. La autonomía de las organizaciones y las políticas subsidiarias del Estado.

Hasta aquí nos hemos referido especialmente a las relaciones de las organizaciones con el mercado de intercambios y con las fuentes de donaciones. Muchos aspectos de dicho análisis mantienen validez en relación también al otro camino a través del cual las organizaciones pueden acceder a recursos y factores, a saber, las subvenciones y políticas públicas de apoyo; pero hay aspectos específicos que examinar a este respecto.

En el movimiento cooperativo existe una amplia experiencia sobre las relaciones que las unidades económicas y sus instancias de integración y coordinación pueden establecer con las políticas públicas, en particular en cuanto a la transferencia y apropiación de recursos económicos. Desde un punto de vista formal, estas relaciones no difieren demasiado de las que las organizaciones establecen en el mercado de intercambio y en el sistema de donaciones institucionales; en cierto sentido, la problemática de las "asignaciones jerárquicas" y subvenciones se coloca en un plano intermedio, entre las relaciones de intercambio en el mercado y las donaciones institucionales, teniendo elementos que las aproximan a ambas.

Pero el problema se torna complejo, y requiere análisis mucho más amplios de los que podemos aquí desplegar, particularmente en función de nuestra temática de la autonomía, debido a que el significado de estas relaciones y de esta vía de apropiación de factores depende notablemente de las características y condiciones del proceso político, del carácter y modo de ser de la institucionalidad estatal, y del proyecto ideológico y societal en el que se enmarca la acción pública.

Así por ejemplo, en el contexto de procesos políticos autoritarios y no-democráticos, este tipo de asignaciones y subvenciones suele ir acompañada de condicionamientos y mensajes tendientes a inducir en los receptores determinados comportamientos deseados por la autoridad, o a evitar comportamientos que el poder público considera inapropiados o inconvenientes para el tipo de orden social que se propone implantar. En otros casos, de signo político muy distinto, esas asignaciones y subvenciones que el Estado canaliza hacia las organizaciones económicas populares y cooperativas se encuadra en procesos y políticas de reforma social (como la reforma agraria, la reforma de la empresa, etc.), o de promoción y organización popular (tendientes a la integración social de los sectores marginados, por ejemplo), o incluso de movilización popular para acelerar procesos revolucionarios o reformistas; en tales casos, suelen ir acompañadas de mensajes ideológicos y doctrinarios.

Cualquiera sea el caso, la apropiación de factores (de parte de las organizaciones económicas populares y otras formas de economía solidaria y alternativa) a través del estrechamiento de relaciones con el poder público, plantea complejos aspectos desde el punto de vista de la autonomía y del proceso de autonomización de las organizaciones, que deben ser reflexionados en profundidad.

Una primera observación general que puede hacerse, es que habitualmente la posibilidad de captar recursos por esta vía se facilita mediante una conveniente y oportuna inserción en los procesos políticos, particularmente articulada con aquellos sectores que controlan el poder o que tienen real incidencia sobre la asignación de recursos presupuestarios. Ahora bien, si tal inserción es buscada o perseguida en cuanto medio para la obtención de las subvenciones y aportes públicos, estamos en presencia de comportamientos que merecen el calificativo de oportunistas y poco honestos, porque implican que se subordinan los propios modos de pensar y de sentir, y la participación política, a la persecución de intereses económicos de corto plazo.

Aún cuando no sea este el caso, la autonomía de la organización puede verse amenazada (especialmente si entendemos la autonomía en el sentido amplio que precisamos en el primer apartado) debido a que normalmente estas asignaciones de recursos están acompañadas de mensajes ideológicos y de objetivos políticos puestos por el órgano asignador (el Estado, el municipio, etc.), que van a condicionar el accionar concreto de la organización. Siendo así, podemos deducir que la autonomía del grupo receptor estará crecientemente afectada en la medida que las ideologías y políticas públicas sean más diferentes y opuestas a las que tienen los integrantes de la organización; por el contrario, mientras más el mensaje y los objetivos políticos internos, de los miembros de la organización receptora, se aproximen, estén representados o se identifiquen con los que promueven los poderes políticos asignadores, menor será la instrumentalización de que el grupo sea objeto, y mayor podrá ser el respeto de su autonomía, pues sus propios objetivos de grupo no se encontrarán contradichos (sino, incluso, reforzados) por la acción pública que le otorga beneficios y favorece su desarrollo.

En cualquier caso, permanece la necesidad de que no se generen vínculos de dependencia de las organizaciones con respecto a este camino de recepción e integración de recursos y factores, especialmente debido a la inestabilidad y a las oscilaciones que caracterizan la vida política en nuestros países latinoamericanos, que afectan directamente a las organizaciones en su propia continuidad.

Un tratamiento exhaustivo del tema no es posible en el marco de este trabajo, debiendo limitarnos a pocas observaciones generales, especialmente orientadas a advertir que el problema debe ser enfocado desde una perspectiva nueva, distinta a las tradicionalmente conocidas y aplicadas con respecto al cooperativismo, la "promoción popular", las políticas sociales, los subsidios, etc.

La cuestión decisiva para formular y construir el nuevo enfoque necesario, es la de las relaciones que se han de establecer entre el pueblo organizado y el Estado. Comenzamos nuestro estudio de las experiencias de organización económica popular constatando que ellas surgieron precisamente de una ruptura del sistema de relaciones tradicionales entre el poder público y las organizaciones populares; tal ruptura no fue ciertamente un desliz de la historia sino resultado de una crisis profunda en aquel sistema de relaciones tradicionales, tal como lo dejamos planteado desde el primer acápite de este libro. Este mismo proceso organizativo puede ser entendido -de algún modo- como un esfuerzo de rearticulación de las relaciones quebradas; pero sería no haber comprendido nada creer que el proceso tiende a reconstruir el mismo sistema de relaciones tradicionales -esas propias del antiguo Estado representativo-burocrático y de los regímenes populistas- entre las organizaciones populares y el poder público. Dicho en otras palabras, es preciso asumir seriamente el hecho que estas nuevas experiencias de organización popular, con sus características y tendencias propias que acentúan una demanda de autonomía respecto de los poderes económicos y políticos dominantes, expresan una búsqueda de un nuevo tipo de relaciones entre economía y política, entre sociedad civil y Estado. Sobre ello volveremos más adelante.

En una democracia nueva todo esto debe ser valorizado. En particular, todo esfuerzo que hagan los organismos públicos por promover y apoyar la economía popular de solidaridad y sus variados tipos de organizaciones, deberá partir recogiendo las nuevas aspiraciones de los sectores populares expresadas en estas formas emergentes de organización, sus experiencias, el modo como han hecho frente a la crisis, las formas en que han buscado la satisfacción de las necesidades, etc.

En tal perspectiva, no cabe duda de que un rol especial habrán de asumir las organizaciones no gubernamentales de desarrollo que apoyan a las organizaciones de base. Si ellas en estos años han cumplido un papel decisivo en la intermediación del sistema de las donaciones provenientes de fundaciones y agencias internacionales, todo hace pensar que un rol aún más significativo podrán cumplir en el futuro, cuando se trate de intermediar entre el Estado democrático y una organización social y popular que busca enfrentar la solución de sus problemas y necesidades en términos de cooperación, autonomía y autogestión. (14)

---

(14) Para una meditación más profunda de este problema, y más en general de los varios aspectos tratados en este capítulo, pueden consultarse los capítulos VII, VIII y IX del citado Economía de Solidaridad y mercado democrático, libro primero. En cuanto al asunto específico de las relaciones entre organizaciones económicas populares y políticas públicas, en una perspectiva de concertación social, ver C. Hardy y L. Razeto, "Nuevos actores y prácticas populares: desafíos a la concertación", Centro de Estudios del Desarrollo (CED), noviembre de 1984.

CAPITULO V

LA ECONOMÍA DE SOLIDARIDAD EN UN PROYECTO DE DEMOCRATIZACIÓN ECONÓMICA

1. Sobre el modo de entender el proyecto y la acción transformadora.

Con las últimas observaciones del capítulo anterior entramos a nuestro siguiente tema, el del proyecto de transformación en el cual las organizaciones y la economía popular de solidaridad pueden insertarse. Aunque el planteo de esta nueva cuestión es necesariamente distinto de la anterior, porque pasamos del nivel de análisis micro al macrosocial, podrá observarse que es en cierto modo el reverso de la misma problemática de la autonomía. En efecto, mientras en esa examinamos las relaciones que desde el mercado y del Estado inciden sobre las organizaciones solidarias, condicionándolas, subordinándolas o favoreciendo su autonomía, en esta nueva cuestión nos interesan esas relaciones entre las organizaciones y el mercado y el Estado con el propósito de individualizar los efectos transformadores y democratizadores que puede tener el desarrollo de esta economía popular y solidaria en la economía y en la política globales.

Y como frente a este tema nos colocamos en una perspectiva de acción que es de largo plazo, en el sentido que se trata de un proceso necesariamente prolongado en el tiempo, se hace oportuno y conveniente abrir el campo de análisis más allá de las organizaciones económicas populares y de la economía popular de solidaridad, para considerar junto a éstas también otras formas de empresas alternativas, incluidas las instituciones donantes y organizaciones no-gubernamentales de desarrollo. En efecto, todas ellas se insertan en una misma perspectiva al considerarlas desde un punto de vista macrosocial.

Antes de entrar en el contenido de la cuestión es necesario precisar algunos aspectos relativos al modo en que entendemos el proyecto de transformación y el proceso a través del cual pueda implementarse. Es necesario hacerlo porque existen muy distintas maneras de plantearse el problema, en base a diferentes concepciones ideológicas y a distintas opciones valóricas.

Independientemente de cuales sean los contenidos sustantivos de esas concepciones y opciones, podemos individualizar dos formas o maneras polarmente opuestas de enfocar el tema del proyecto y de la transformación de la sociedad.

La primera de ellas -la más difundida en la actualidad- consiste en partir del nivel macrosocial, definiendo un proyecto global de sociedad por construir: un modelo, una utopía, un ideal, o como quiera llamársele. En tal proyecto global se plasma, con mayor o menor realismo, aquello que se considera el "deber ser" de la sociedad -en lo económico, político, cultural, en las relaciones sociales, etc.- en base a las apreciaciones que se tengan sobre lo que es justo, humano, natural, necesario, etc. La fundamentación de un tal proyecto global puede ser ética, religiosa, filosófica, científica, o darse simultáneamente en varios de estos planos de conciencia. El proyecto mismo surge en todo caso de una elaboración intelectual, y tiene poco que ver inicialmente con las características particulares y concretas de los sujetos reales y actuales llamados a materializar el proyecto. Al contrario, tiende a postularse que los sujetos deben cambiar su actual modo de ser para convertirse en adecuados instrumentos o medios para la realización del proyecto. Lo que importa de ellos es más que nada su fuerza, las energías que puedan desplegar para lograr el objetivo deseado. Importa también la medida en que puedan hacer suyo y propio el proyecto, ya sea porque corresponde a sus intereses o porque se les puede persuadir de que así es. En efecto, si un sujeto no hace propio el proyecto, difícilmente podrán orientarse sus fuerzas en esa dirección. Por todo esto, las tareas principales del agente político o intelectual que tiene una tal concepción del cambio social consisten principalmente en la concientización, la organización y la movilización de los sujetos pensados como instrumentos o portadores del proyecto. Y como el proyecto de transformación es global, o sea, como implica una reordenación o reestructuración de toda la sociedad, la primera tarea consiste en conquistar posiciones de poder desde las cuales se pueda ejercer influencia sobre la sociedad en todos los aspectos. En las sociedades modernas y contemporáneas, tal centro de poder privilegiado suele ser el Estado; y si no lo es ya ahora, se le puede potenciar y desarrollar para que esté en condiciones de cumplir tales cambios globales. Por todo ello, la actividad transformadora principal tiende a desenvolverse en el plano de la política.

La otra manera -polarmente opuesta- de enfocar y definir el proyecto y la transformación de la sociedad consiste en considerar que el modo de ser de un sujeto especial, es decir, los principios y valores, modos de pensar y de actuar, relaciones y estructuras, etc., que definen la propia organización, contienen en lo pequeño el proyecto que se retiene ideal para la sociedad en su conjunto. La tarea transformadora consistiría, en consecuencia, en la difusión y expansión del propio modo de ser, a través de la multiplicación de organizaciones similares (o bien, en una versión extrema de esta manera de entender el cambio, en el crecimiento de la misma organización propia por absorción progresiva de otras personas, grupos, actividades o espacios sociales). También en este enfoque el proceso de transformación puede asumir distintos contenidos; sólo que en este caso no van a depender tanto de las distintas concepciones teóricas, filosóficas o científicas que fundamenten el proyecto, sino del tipo de organización que se considere portadora en pequeño del proyecto global; puede ser, por ejemplo, una cooperativa (y el proyecto de sociedad postulado será una especie de gran cooperativa, o una economía constituida de innumerables cooperativas confederadas), un regimiento (y la sociedad ideal postulada será una gran organización jerárquica, burocrática y militarmente organizada), una iglesia (dándose lugar a un proyecto integrista que no reconoce autonomía a los distintos niveles organizados de la vida de la vida social), o incluso un tipo de hombre, o una determinada racionalidad económica, o un partido político (que habrían de proyectarse hacia una sociedad en que tal tipo de hombre sea el prototipo general, tal racionalidad económica sea reconocida como la única natural, o tal partido político sea el modelo de la conformación del Estado al que se aspira). Según este punto de vista, las tareas o actividades transformadoras principales consisten en testimoniar el propio modo de ser, promover la multiplicación de experiencias similares a la propia, y cuidar o vigilar que en la expansión del proceso no se produzcan desviaciones o distorsiones. Expresiones de este modo de entender el proceso transformador y el proyecto de sociedad ha habido muchas en la historia: el proyecto liberal clásico, el del llamado socialismo utópico, el de ciertas concepciones islámicas y de cristiandad medieval, y muchos otros. En nuestro contexto actual, es fácilmente observable que todas las grandes corrientes ideológico-políticas tienen en su interior tendencias que se aproximan a la primera o a esta segunda manera de enfocar la acción y el proyecto de transformación. En otras palabras, estos dos enfoques han sido las dos principales estructuras de la acción social transformadora.

Ambos modos de concebir el proyecto y entender la transformación presentan serios problemas tanto a nivel teórico como en el plano de su realismo. No es difícil darse cuenta, en efecto, de que ambos modos de proceder son utópicos y conducen inevitablemente a frustraciones. En efecto, la realización del proyecto -su concreción práctica en la sociedad- no es posible, porque no es posible conformar la realidad toda entera conforme a un modelo ideal previamente elaborado por algunos, ni conforme a un modelo organizativo único realizado en pequeño por un grupo particular. Porque siempre habrá otros modos de pensar, otras fuerzas, otras organizaciones diferentes que desplegarán fuerzas de oposición, y que al ser fuerzas reales, tendrán efectos concretos que operarán en sentido distinto al del proyecto que se quisiera implantar. A lo más que se puede aspirar si se piensa la transformación con esos enfoques, es a concretizar por un período de tiempo históricamente breve algo así como una caricatura deformada del ideal buscado, y ello en base a una consistente fuerza dominadora -sea ideológica o militar- controlada por un grupo que se impone sobre los demás. La historia entera de la humanidad así lo ha demostrado y sigue probando reiteradamente. Lo curioso es que tales enfoques suelen ser considerados realistas y eficaces, porque de hecho son capaces de acumular en torno a ciertas fuerzas y energías sociales; pero esta eficacia se demuestra aparente, porque aunque las fuerzas organizadas en torno a tales proyectos alcancen importancia y sean capaces de generar acciones y hechos significativos, el proyecto mismo no se concretiza ni siquiera en parte.

Desde un punto de vista ético y teórico ambos modos de concebir el proyecto y la transformación son también discutibles, porque parten de la base que los elaboradores o los portadores prácticos del proyecto son poseedores en exclusiva de la verdad, o de los valores apropiados. Si, por el contrario, partimos de la base de que la verdad se encuentra repartida socialmente y que nadie la posee totalmente, de que todos los sujetos individuales y organizados tienen intereses y aspiraciones que deben reconocerse como legítimos (y otros que no lo son, por supuesto), de que la homegeneidad social es en definitiva un empobrecimiento, y de que la diversidad, diferenciación y pluralismo son un valor, una riqueza, el producto de la libertad creadora de los hombres, y analizamos con estos criterios aquellos dos modos de concebir el proyecto y entender la transformación, debemos concluir que no solamente son erróneos sino también escasamente legítimos; y en todo caso poco democráticos y tendencialmente autoritarios.

Cuando nos planteamos, entonces, el tema del proyecto de transformación social en que las organizaciones solidarias pueden insertarse y dar su contribución, queremos ponernos en un punto de vista nuevo y distinto, coherente con los contenidos y formas democráticas del proyecto mismo que iremos perfilando en éste y en los sucesivos capítulos.

En términos generales, cuando se piensa desde las organizaciones económicas populares y otras formas de empresas alternativas solidarias su participación en un proceso de transformación social, es preciso entender el problema en términos distintos a los modos tradicionales de "hacer política" o de actuar transformadoramente. Aquí no se trata de imponer a la sociedad toda un modelo ya presente en realidades particulares que se consideren ideales: no se trata de convertir la sociedad en una gran cooperativa, ni de realizar toda la economía socialmente necesaria mediante empresas autogestionadas y organizaciones económicas populares. Tampoco se trata de que el sujeto social constituido o constituible por estas organizaciones acumule fuerzas y poder como para imponer a la sociedad y a los demás algún proyecto (propio o ajeno) de sociedad. Se trata de un tipo de acción diferente, democrática por definición (que no puede ser autoritaria por su propia naturaleza), tal que realiza su objetivo transformador en y por el acto mismo de ser y de actuar de otro modo, por el hecho de aportar a la sociedad su especial novedad. Un modo de hacer la transformación que cumple su objetivo -lo va cumpliendo- ya en el presente, porque el objetivo es generar una tendencia, un proceso de innovación, democratización e incremento de la solidaridad. Objetivo que va logrando efectivamente, en alguna medida por sí mismo, mediante su propio crecimiento, sin suponer ni perseguir la conquista del poder; al contrario -y como precisaremos- su mismo objetivo es disolver los poderes concentrados, distribuir el poder socialmente, no por medio de alguna acción destructiva o de fuerza sino por el desarrollo de las capacidades locales de autocontrol.

Debemos examinar todo esto en términos más rigurosos y profundos. En conformidad con los planteamientos hechos, nos planteamos sin mayor abundamiento de razones en la perspectiva de una opción democrática, y específicamente en lo económico, de un proyecto de democratización de la economía y del desarrollo; pero nos es necesario efectuar un reestudio y una reformulación de los conceptos mismo de economía democrática y de desarrollo.

2. El concepto de mercado democrático.

Para comprender con rigor, superando el nivel de las simples afirmaciones valóricas e ideológicas, la importancia y las funciones que pueden asumir las OEP, el cooperativismo y la autogestión en un proceso de democratización del mercado y del Estado, es necesario y parece oportuno comenzar examinando lo que puede entenderse por "mercado democrático", ver luego en qué puedan consistir los procesos de democratización de la economía que nos conduzcan o nos aproximen hacia aquella conformación democrática del mercado; y entonces, sobre la base de una consistente construcción teórica, centrar la atención en la economía de solidaridad, el cooperativismo y la autogestión para descubrir en ellos los elementos que permitan considerarlos parte de la democracia, y aquellas energías que puedan desplegar para construirla. Todo esto, en los límites de una exposición breve, no puede sino ser esbozado; pero las observaciones que siguen responden a una externa investigación sobre el tema (15).

En su evolución, la ciencia económica ha proporcionado diversas definiciones del mercado, todas ellas caracterizadas por la separación analítica de un ámbito particular de la realidad, que se constituye como objeto propio de su disciplina científica, distinto de otros ámbitos o niveles (lo social, lo político, lo cultural) que a su vez son objeto de disciplinas como la sociología, la ciencia política, la antropología cultural, etc. Procediendo de esta manera, los economistas han tendido a "cosificar" las relaciones económicas y el mercado mismo, lo que se ha visto reforzado por la tendencia a la matematización del conocimiento económico, con lo cual -adquiriendo la disciplina la apariencia de una ciencia exacta- han podido no prestar la suficiente atención a las críticas de quienes, desde Hegel, desde Marz, desde León XIII, han insistido en que las actividades económicas son praxis social, y las relaciones económicas relaciones entre personas y grupos sociales, que tienen consistencia subjetiva y ética.

La economía como disciplina científica nace junto con el capitalismo; siempre ha habido actividades económicas, pero no siempre ha habido una ciencia de la economía. Lo que hizo posible la formación de esta disciplina, en un contexto cultural en que predominada la concepción positivista de la ciencia como conocimiento de fenómenos dotados de regularidad y automatismo susceptibles de ser expresados en fórmulas y leyes, fue precisamente la expansión del sistema capitalista que difundió un tipo relativamente homogéneo de homo oeconomicus, cuyos comportamientos son regulares y predecibles, y que impuso al conjunto de los sujetos económicos una "racionalidad" que siendo particular fue postulada como universal. Ello permitió que la realidad económica, y el mercado y sus procesos en particular, se hiciesen inteligibles en términos de variables (oferta, demanda, precios, etc.), de sectores, de automatismos y de equilibrios. Con el término mercado la teoría económica designó la organización concreta de los intercambios de bienes y servicios entre vendedores y compradores, conforme a un determinado sistema de precios, regulados por las dos grandes fuerzas económicas de la oferta y la demanda.

La progresiva complejización de las economías modernas, las crisis, la creciente intervención del Estado en la economía, la presencia organizada de las fuerzas de trabajo, los procesos de autonomización de diferentes categorías y sujetos económicos que organizan y despliegan actividades en función de su propia valorización, etc., han llevado a la elaboración de nuevas corrientes del pensamiento económico que han reformulado el concepto de mercado, concibiéndolo ya no sólo como la organización de las relaciones de intercambio entre empresarios y consumidores sino, más ampliamente, como el mecanismo de asignación de recursos, distribución de ingresos y coordinación de las decisiones económicas. Concepto que, si bien supera algunas limitaciones del anterior, mantienen un significativo grado de cosificación de las relaciones económicas al concebir su articulación en términos de un "mecanismo" y sobre todo mantiene aún demasiado separada la esfera de lo económico de los demás aspectos sociales, culturales y políticos de la vida social y su reproducción.

Con los conceptos de mercado mencionados, no es posible dar consistencia teórica a un modelo de "mercado democrático" y a una propuesta de democratización de la economía. La problemática económica continúa centrada en el debate sobre los modos de la "asignación óptima de los recursos" y en la cuestión de la mejor o más justa "distribución de los ingresos".

Un reconocimiento cabal de las dimensiones subjetivas implicadas en la actividad y los procesos económicos; la asunción teórica de la existencia de diferentes racionalidades económicas operantes en los procesos de producción, distribución y consumo concretos; la percepción de los nexos íntimos que hay entre las esferas económica, política y cultural, cuya distinción es más gnoseológica que real, nos llevan a una reformulación del concepto de mercado, tomando como punto de partida -y no más que eso- una idea propuesta originalmente por Gramsci: "El mercado determinado -escribió- es una determinada relación de fuerzas sociales en una determinada estructura del aparato de producción, relación garantizada (es decir, hecha permanente) por una determinada superestructura política, moral, jurídica".

En realidad podemos entender por mercado todo el complejo sistema de interrelaciones y de relaciones de fuerza que se establece entre todos los sujetos, individuales y colectivos, públicos y privados, formales e informales, que ocupan diferentes lugares en la estructura económica, que cumplen distintas funciones y actividades, y que participan con distintos fines e intereses en un determinado circuito económico relativamente integrado, o sea, que forman parte de una cierta formación económico-política en relación a cuyos procesos de producción y distribución persiguen la satisfacción de las necesidades e intereses.

Cada uno de los sujetos que forman parte del mercado despliega en éste sus propias fuerzas, con el objeto de participar en la distribución de los bienes y servicios y en la asignación de los recursos, en la forma más amplia posible. Es un sistema de relaciones de fuerza porque los distintos sujetos que en él se interrelacionan, luchan por los recursos, bienes y servicios. En el proceso de esta lucha, los distintos sujetos pueden actuar independientemente o asociarse, establecer alianzas, buscar protecciones, actuar correctamente, engañar o hacer trampas. Los sujetos se constituyen en el proceso como fuerzas sociales que potencian sus posiciones organizándose, adquiriendo coherencia ideológica y cultural, tomando conciencia de sus propios intereses y posibilidades, actuando políticamente sobre la sociedad y el Estado para obtener más poder de presión y conducción, etc.

La institucionalidad jurídica y política, condicionada por la relación de fuerzas existentes, a su vez regula el accionar de los distintos sujetos sociales y económicos, garantizando los derechos y deberes de cada uno, estableciendo los límites y posibilidades de un accionar legítimo, favoreciendo algunos sectores sociales sobre otros, subsidiando y protegiendo, etc. En tal sentido, ella es también parte integrante -relevante- del mercado. Todos los fenómenos y tendencias que manifiesta la economía han de entenderse como resultado de esta compleja interacción conflictual; el sistema de precios, por ejemplo, refleja la correlación de fuerzas dadas y no sólo las variaciones en la oferta y la demanda; la inflación es un proceso redistributivo de la riqueza social que expresa un movimiento o un cambio en la correlación de las fuerzas sociales. Y así en adelante.

Así entendido, todo sistema económico constituye un mercado, que puede estar organizado en distintas formas: con mayor o menor control e intromisión del Estado, con mayor o menor libertad de iniciativa individual, con mayor o menor igualdad social, con procedimientos más o menos racionales de distribución de los bienes, servicios y recursos, con distintos grados de concentración oligárquica o de participación democrática, con distinto grado de autonomía de los diversos actores económicos, sociales, políticos y culturales.

Con este concepto de mercado, la elaboración teórica de un modelo de mercado democrático, y el diseño de un proyecto o estrategia de democratización del mercado, se hacen posibles, abriéndose un nuevo espacio de análisis y reflexión económico-política en el que los temas de la óptima asignación de los recursos y de la justa distribución de la riqueza quedan integrados en una perspectiva más amplia.

En una primera aproximación, podemos considerar democrático aquel mercado determinado en el que el poder se encuentre altamente distribuido entre todos los sujetos de actividad económica, repartido entre una infinidad de actores sociales, desconcentrado y descentralizado. En contraposición a éste encontramos el mercado oligárquico, en el que predominan oligopolios y monopolios, en el que el poder y la riqueza se encuentran altamente concentrados mientras de ellos son excluidos o marginados amplios sectores de la población. Se trata de dos extremas y opuestas correlaciones de fuerzas sociales.

3. Las condiciones de existencia de un mercado democrático, y la esencia de un proceso de democratización de la economía.

La diseminación democrática del poder implica que operen eficientemente en la actividad económica ciertas condiciones generales básicas. Es necesario, por de pronto, la existencia de una real libertad de iniciativa económica, tanto de los individuos como de las comunidades y grupos organizados.

Queda planteado con esto un problema, pues siendo evidente que la distribución social del poder económico y político requiere la libertad de iniciativa, una cierta forma de concebir y organizar la libertad individual en el capitalismo ha conducido precisamente a la concentración del poder y a la marginalización. El problema no se resuelve con declaraciones de principio o definiciones sobre el contenido de la libertad, sino que ha de ser enfrentado mediante una concreta traducción de los principios en el plano organizativo de la vida social. A ello nos referiremos más adelante; por el momento, en el plano general de esta primera aproximación, el problema puede quedar mejor acotado mediante la consideración de otras condiciones igualmente necesarias.

En efecto, condición de una estructura democrática de las relaciones de fuerza es también la existencia de efectivas posibilidades de participación, a distintos niveles de la toma de decisiones, por parte de todos los sujetos involucrados en las actividades y que resultan afectados por las decisiones en cuestión.

Una tercera condición del funcionamiento de un mercado democrático puede ser planteada en estos términos: no hay efectiva diseminación y descentralización del poder sino cuando "el poder" no es un elemento principal de la vida social, y cuando buscar su ejercicio no constituye una motivación central de la voluntad, sea individual o colectiva. Tal situación puede darse sólo allí donde exista un grado importante de integración social y de solidaridad, esto es, en una sociedad donde los elementos de unión predominan sobre los factores de conflictualidad.

Una última condición, no menos importante que las anteriores, es la estructuración democrática del Estado; en efecto, dada la enorme fuerza que tiene el poder político central del Estado, es evidente que no puede darse una relación de fuerzas equilibrada a nivel económico-social cuando un grupo particular mantenga el control exclusivo o hegemónico del Estado, o cuando éste ejerza autoritariamente sus funciones propias. No puede haber democracia en lo económico sin democracia política, siendo igualmente necesario que el poder público se encuentre descentralizado, que la sociedad civil ejerza controles efectivos sobre la sociedad política, que ésta se encuentre organizada en base a normas impersonales. Todo ello implica también que el poder del Estado sea limitado, que el Estado sea lo más reducido posible, pues mientras mayor sea éste más grandes serán también las posibilidades de que restrinja las libertades, que se dificulte la participación, que la lucha por el poder se exacerbe, que exista un espacio en el que se verifique la concentración del poder. Este punto podrá esclarecerse ulteriormente a la luz de los análisis que haremos en el capítulo VII.

Entre las diversas elaboraciones teóricas de modelos económicos, aquella que parece aproximarse más a nuestra definición de mercado democrático es la de un mercado de competencia perfecta. Con la expresión "competencia perfecta" los economistas suele designar una hipotética situación de mercado en la que los diferentes actores económicos enfrentan precios dados y no están en condiciones de influir sobre la oferta y la demanda globales. Ellos no tienen poder sobre las condiciones existentes en el mercado, siendo su acción económica insignificantemente pequeña en relación al funcionamiento conjunto de la economía.

Ha sido insistentemente observado que una tal situación de competencia perfecta no existe ni ha existido nunca en la práctica, de manera que dicho modelo conceptual no sirve para comprender ni guiar los procesos económicos concretos. Sin embargo, ello no invalida completamente el concepto en la medida que se lo entienda como un modelo hipotético que sirva para evaluar el grado de competitividad o de "perfección" de un mercado determinado. En tal sentido, en la realidad encontramos grados más o menos declarados de competencia "imperfecta".

Es una opinión muy difundida que en los comienzos del capitalismo la competencia era muy amplia, y que como consecuencia de la lógica concentradora del capital ella ha sido progresivamente sustituida por una economía monopolista. La historia económica es, sin embargo, distinta y más compleja; el mercado capitalista ha pasado por distintas fases, no siendo la primera la de mayor competencia ni la última la de más alta imperfección del mercado. En todo caso, el desarrollo del capital financiero, de grupos económicos altamente concentrados, la creciente intervención del Estado en la economía, y otros fenómenos anexos, han conducido a una situación de mercado oligopólico; debe reconocerse, sin embargo, que la presencia de monopolios y oligopolios que concentran proporciones crecientes de poder en el mercado no elimina de la escena económica las pequeñas y medianas unidades competitivas.

Pero lo que nos interesa destacar apunta más bien en la dirección de identificar las relaciones existentes entre el grado de concentración y las formas de marcado. El proceso de concentración acrecienta el poder de mercado de las mayores empresas, sean éstas monopólicas o no, de manera que un mercado más concentrado es un mercado más oligárquico; por el contrario, un mercado que se aproxime a la situación de competencia perfecta es un mercado en que el poder se halla más difundido, siendo, en consecuencia, un marcado más democrático.

Es necesario detenernos en esta última afirmación. Hemos dicho que en teoría económica se concibe la competencia perfecta para designar aquella situación en que los actores económicos enfrentan precios dados y no tienen influencia ni poder sobre el mercado. Pero esta definición, en realidad carece de verdadero sentido teórico; porque el mercado es, esencialmente y siempre, relación de fuerzas, correlación de poder. Los precios no son nunca "dados" sino el resultado de decisiones de los agentes económicos, y cada uno de estos tiene siempre un cierto poder de determinarlos. En un mercado concentrado las influencias de los monopolios y oligopolios sobre los precios se hace evidente, pues concentran un poder muy grande. En un mercado altamente competitivo los precios son el resultado de múltiples decisiones en sentidos diversos que dan una resultante general. Como el sistema de precios resulta de la composición de todas las fuerzas, pareciera que él no corresponde a la voluntad de ninguno; pero la decisión de cada uno tiene siempre un efecto que es mayor que cero.

De este modo, el concepto de competencia perfecta debe ser corregido o reformulado en base al nuevo concepto de mercado, en términos que resultan corresponder con la definición hecha del mercado democrático.

La corrección y reformulación que se requiere es profunda, a la vez sustancial y formal. Si analizamos en profundidad las implicaciones teóricas que tienen las mencionadas condiciones generales básicas de la diseminación democrática del poder en la economía, descubrimos que el marco conceptual primario en que se basaron los economistas que formularon la competencia perfecta salta en pedazos. En efecto, la idea central según la cual todos los flujos económicos proceden conforme a relaciones de intercambio, tales que determinan un sistema de precios relativos, o equivalencia de valor, debe ser sustituida por otra idea más amplia según la cual tales relaciones de intercambio constituyen sólo uno entre varios tipos de relaciones a través de los cuales los bienes, productos y factores económicos se distribuyen y circulan en el mercado. Se hace necesario reconocer otras racionalidades y otros modos de comportamiento económico, que no necesariamente implican competencia, lucha y conflicto entre los sujetos, sino integración, cooperación, comunidad y solidaridad. La teoría económica entera debe ser, pues, reformulada, para acoger realidades tan importantes como éstas.

En cualquier caso, la teoría sobre el modo de funcionamiento del mercado de competencia perfecta conserva una cierta utilidad para nuestro propósito de comprender las condiciones, y el modo de ser, del mercado democrático.

En particular, esta reformulación del concepto de competencia perfecta no invalida la afirmación teórica que han hecho los economistas en el sentido de que el libre juego del mercado en condiciones de competencia perfecta -el mercado democrático, diríamos nosotros ahora- conduce a la asignación óptima de los recursos y a la equitativa distribución del ingreso. Dicha afirmación no ha sido convincentemente refutada por los críticos de la economía de mercado. Lo que éstos han hecho ha sido demostrar que la competencia perfecta no ha existido nunca en la práctica en forma plena, y que por tanto aquella teoría no es aplicable a la realidad, que ella no sirve para justificar el capitalismo. Se ha visto también que la forma capitalista de la competencia conduce a la concentración del capital, y que en consecuencia destruye en la práctica los mismos supuestos en que se funda la teoría. Lo que esto demuestra es que hay una incompatibilidad entre predominio capitalista y mercado democrático. Pero el modelo teórico de la competencia perfecta, si se aceptan los supuestos, mantiene su coherencia y podemos recuperarlo para una elaboración teórica superior que le asigne un rol instrumental.

El problema es, pues, construir en la práctica los supuestos de la teoría. Tal construcción práctica de los supuestos teóricos sería, de hecho, el contenido esencial de un proceso de democratización del mercado.

Una primera condición de la competencia perfecta es la atomización del mercado, en el sentido que los distintos factores económicos (capital, tecnologías, trabajo, trabajo, consumo, etc.) no se encuentren monopolizados o concentrados en un reducido número de sujetos económicos, sino distribuidos en una grande y creciente cantidad de operadores independientes que, precisamente por eso, compiten entre sí con igualdad de oportunidades, tendiendo cada uno a maximizar su beneficio pero no pudiendo ninguno de ellos obtener beneficios extraordinarios a costa de los demás.

Una segunda condición es el libre acceso al mercado de nuevas unidades económicas, que entren en concurrencia con las ya existentes.

Tercera condición es la plena ocupación y movilidad de los factores productivos.

La cuarta condición de la competencia perfecta es la transparencia del mercado y la óptima información respecto de las alternativas presentes ante cada operación y actividad económica.

Si observamos y reflexionamos en profundidad sobre el contenido de estas cuatro principales condiciones que los economistas teóricos han identificado como condiciones del funcionamiento de un mercado de competencia perfecta, descubriremos que ellas no son distintas sino convergentes e incluso coincidentes con aquellas otras cuatro condiciones que expusimos anteriormente como condiciones generales de la diseminación del poder que define al mercado democrático, a saber, la existencia de una real libertad de iniciativa económica tanto de los individuos como de las comunidades y grupos organizados, la efectiva participación en la toma de decisiones por parte de todos los sujetos involucrados en las actividades económicas, la existencia de un importante grado de integración social y de solidaridad, y la estructuración democrática del Estado.

La demostración de que estas condiciones democráticas son necesarias para que se concreticen los supuestos de la "competencia perfecta" exige consideraciones y análisis que no caben en esta exposición; pero la sola demostración de que por ambas vías se puede igualmente acceder a la democratización del mercado nos pone en condiciones de comprender cuáles han sido y son los obstáculos, las causas que han impedido la existencia de economías democráticas, cuáles serían los modos de avanzar concreta y aceleradamente hacia tal democratización, y qué roles puede cumplir en ello el cooperativismo y la autogestión.

4. La economía solidaria, cooperativa y autogestionaria en la democratización del mercado.

En Empresas de trabajadores y economía de mercado desarrollamos ampliamente la teoría -demostrándola histórica y racionalmente- de que la concentración y monopolización de la economía, las trabas al acceso de nuevas unidades económicas al mercado, el desempleo de factores y las restricciones a su movilidad, así como la oscuridad del mercado y el manejo restrictivo de las informaciones, son consecuencia directa de la estructuración capitalista de la economía (definida por el hecho de que en ella el capital se presenta como el factor económico organizador de la mayor parte de las actividades económicas, subordinando a su lógica y funcionalizando a su propio crecimiento y valorización a todos los demás factores económicos), y consecuencia indirecta de los mecanismos a través de los cuales los factores subordinados -concretamente personalizados en categorías sociales determinadas- han reaccionado a dicho predominio en formas que, sin embargo, no logran superar su subordinación.

En el mismo libro, demostramos que el cooperativismo y el desarrollo de actividades económicas autogestionadas, constituyen en su esencia misma procesos y formas organizativas a través de los cuales un conjunto de factores económicos distintos del capital, tales como el trabajo, el consumo, el ahorro, la tecnología y la administración, experimentan un proceso de autonomización respecto del capital, y se constituyen como categorías económicas organizadoras de actividades y unidades económicas de distinto tipo, que liberan y desarrollan nuevas energías sociales, y que junto con incidir en el mercado introduciendo en él racionalidades económicas distintas a la capitalista, van configurando a través de su progresiva expansión una nueva relación de fuerzas, un potenciamiento de las categorías y personas hoy subordinadas, que están a la base de estos respectivos factores económicos. El cooperativismo es, pues, un fenómeno organizativo que apunta a superar las raíces mismas de la estructuración oligárquica del mercado.

A través de su acción concreta, además, él va construyendo las condiciones necesarias para el funcionamiento del mercado democrático y de la "competencia perfecta", tal como la hemos redefinido.

El desarrollo de unidades económicas autogestionadas y cooperativas organizadas por las categorías hoy subordinadas del trabajo, el consumo, la tecnología, etc., tiene, desde el punto de vista de la desconcentración económica, un doble efecto: al autonomizar las categorías subordinadas reduce los márgenes de ganancia extraordinaria que el capital obtiene precisamente por dicha subordinación, contrarrestando el proceso de acumulación y concentración capitalista; al mismo tiempo, creando nuevas posibilidades de desarrollo de las categorías que se organizan cooperativamente, conduce progresivamente a una desconcentración de ellas mimas, haciendo innecesaria su organización defensiva subordinada.

La presencia de un amplio sector de empresas organizadas por la fuerza de trabajo, la creación tecnológica, el ahorro y el crédito, etc., tornaría efectivamente más fácil y libre el acceso al mercado: estas categorías económicas no sólo podrán acceder al mercado vendiéndose o siendo contratadas por el capital, sino también organizándose a sí mismas y convocando a los demás factores necesarios para la constitución de nuevas unidades económicas. Las empresas capitalistas deberán competir con ellas no sólo en el mercado de los productos sino también, y especialmente, en el mercado de factores, los cuales, al tener otras alternativas de ocupación autónoma, se verán globalmente valorizados e incrementarán su poder de negociación.

La desocupación de factores económicos y productivos será también fuertemente reducida si tales factores desarrollan sus capacidades autónomas de organizar actividades económicas. La fuerza de trabajo podrá ser contratada por el capital y también podrá organizar ella misma actividades económicas de riesgo; las capacidades de consumo podrán encontrar satisfacción en los productos que ofrece el mercado, y también demandar asociativamente bienes y servicios de características y precios particulares; las innovaciones técnicas podrán ser ofrecidas para su utilización en empresas organizadas por otros factores, y también ser la base para la formación de unidades productivas nuevas. Resultará de este modo ampliada no sólo la ocupación de factores y recursos sino también su movilidad, en presencia de alternativas múltiples.

El perfeccionamiento de la información y la transparencia del mercado tienen como requisito la desconcentración económica, la reducción del predominio del capital y la autonomización de las categorías económicas actualmente subordinadas. En este sentido, el desarrollo de un sector cooperativo amplio tiene efectos relevantes. Organizaciones autónomas de consumidores perfeccionarán la información de éstos respecto de los bienes y servicios ofertados; unidades productivas organizadas por trabajadores ampliarán el conocimiento de sus integrantes respecto a las condiciones generales y al modo de funcionamiento de la economía, conocimiento que será naturalmente trasmitido progresivamente la fuerza de trabajo en general; la existencia de posibilidades nuevas de actividad económica en base a la creación e innovación tecnológica ampliará la información respecto de las tecnologías y métodos de producción y organización.

En síntesis, la construcción práctica de las condiciones de la competencia perfecta, redefinidas como condiciones del funcionamiento de un mercado democrático, implican el desarrollo de un proceso multifacético, con dos líneas principales de acción entrelazadas. Una acción tendiente a superar la subordinación de los factores y categorías económicas distintas del capital, mediante el desarrollo de organizaciones y actividades alternativas y autónomas, y a una acción tendiente a reducir el poder del capital a través de un proceso anti-oligopólico y desconcentrador. Reducción del poder económico del capital e incremento del poder y de la autonomía de los demás factores actualmente subordinados configuran un proceso de creación de una nueva relación de fuerzas sociales, un proceso de redistribución y descentralización radical del poder, un proceso de democratización del mercado.

En Economía Solidaria y mercado democrático, Libro segundo, desarrollamos y ampliamos este análisis de las potencialidades democratizadoras del mercado que presentan la economía de solidaridad, el cooperativismo y la autogestión. Dicho desarrollo teórico se basó en la comprensión más profunda del concepto del mercado democrático y de sus condiciones de funcionamiento, según la cual el mercado es democrático no sólo en cuanto el poder se encuentre en él distribuido y repartido entre todos los sujetos económicos, sino también en cuanto a las formas en que los sujetos ejercen sus fuerzas o poderes, el modo en que se estructure la correlación social, y en general toda la estructura de relaciones que conforman el mercado, sean integradoras, participativas, pacíficas.

Evidentemente no se trata de dos conceptos distintos, ni de elementos separados en la realidad del mercado, pues las formas y los modos en que se establezcan las relaciones son consecuencia muy directa de los contenidos y grado de concentración de los poderes que tengan los distintos sujetos que las establecen. Así, una correlación de fuerzas pluralista, desconcentrada y descentralizada se manifiesta en una estructura relacional integradora. Pero ambos aspectos pueden ser analíticamente distinguidos, y su consideración sucesiva permite ampliar y profundizar el análisis, exactamente del mismo modo como nuestro análisis de las condiciones básicas del funcionamiento de un mercado democrático implica una ampliación y profundización del análisis clásico de los supuestos del mercado de competencia perfecta.

A esta altura del análisis no es necesario argumentar demasiado para mostrar que la expansión y desarrollo de un sector de unidades económicas solidarias, cooperativas y autogestionarías favorece directamente la expansión de relaciones integradoras, participativas y pacíficas; o dicho en otras palabras, que tal economía impulsa la relación práctica de cada una de las condiciones del mercado democrático, tal como las reformulamos.

La libertad de iniciativa económica es una característica relevante de la racionalidad específica de la economía solidaria y autogestionaria; ella tiene, en este sentido, una cualidad adicional a la que manifiesta la economía privada fundada en puras relaciones de intercambio, cual es la de ser permanentemente liberadora de las potencialidades de acción autónoma de los sujetos individuales y colectivos. La economía de intercambios requiere libertad de iniciativa económica, pero ésta no se hace extensiva a todos porque excluye del mercado a quienes carecen de bienes o recursos excedentes disponibles para el cambio, y porque tiende a subordinar a quienes son desplazados en la competencia por disponer de menores capacidades empresariales. Por el contrario, la economía solidaria y cooperativa opera directamente en el sentido de incorporar a los excluidos, marginados y subordinados, no en términos pasivos sino activos, promoviendo sistemáticamente el desarrollo de los sujetos.

La participación en las decisiones de todos los sujetos involucrados en las actividades es también un rasgo sobresaliente de la economía solidaria, constituyendo incluso uno de los principios distintivos por el que puede ser reconocida; el criterio de la autogestión se muestra como expresión eminente de la búsqueda de participación. Del mismo modo, la búsqueda y realización práctica de la integración social y de las relaciones democráticas, son rasgos esenciales que se manifiestan -como vimos- a nivel de la racionalidad especial y de la lógica operacional particular de las actividades y organizaciones de este sector económico.

En síntesis, el desarrollo de un amplio sector de economía de solidaridad, cooperativo y autogestionario, tiene un impacto democratizador del mercado y de la economía, en dos sentidos complementarios: por un lado, construyendo los supuestos de la diseminación del poder, actuando concretamente un proceso de desconcentración y descentralización de la economía, y por otro, creando las condiciones que favorecen relaciones sociales integradoras, incidiendo en la conformación democrática de los sujetos que la conforman, en sus modos de pensar, de sentir, de relacionarse y de actuar. En otras palabras el desarrollo de estas organizaciones económicas alternativas opera en sentido democratizador del mercado, creando una nueva correlación de fuerzas sociales y cambiando la estructura de dicha correlación. Ambos aspectos se refuerzan recíprocamente.

Todo ello está en perfecta concordancia con un modo democrático de entender el proyecto y la acción para el cambio, con aquella nueva estructura de la acción transformadora de que hablamos anteriormente, y que seguiremos profundizando en los siguientes capítulos.

(15) Una primera elaboración de este enfoque teórico y de estos conceptos los expusimos en Empresa de trabajadores y economía de mercado, cit., capítulos 15 a 20; una ampliación y parcial reelaboración de los mismos puede verse en Economía de solidaridad y mercado democrático, cit., capítulo III.

CAPITULO VI

LA ECONOMIA POPULAR DE SOLIDARFIDAD EN UNA PERSPECTIVA DE DESARROLLO ALTERNATIVO

1. Es necesario un desarrollo alternativo, en términos de calidad de vida.

En estrecha conexión con la cuestión que acabamos de plantear se presenta otro interrogante crucial, que puede expresarse así: ¿pueden las OEP y otras formas cooperativas y autogestionarias de economía popular solidaria, trascender su propio origen como estrategias de subsistencia y como formas de acción para enfrentar problemas inmediatos de carácter local, y alcanzar el nivel en que puedan ser reconocidas como un aporte real a una estrategia alternativa de desarrollo?

También para abordar esta cuestión es preciso definir y redefinir los términos implicados en la pregunta. Por cierto, no es ésta la ocasión para penetrar en profundidad ni para entrar en los detalles de un tema tan vasto como el del desarrollo; nos interesa solamente sugerir un cambio de enfoque, para asumir una actitud intelectual con que se pueda comprender adecuadamente el problema y el tipo de respuesta que buscamos.

Que sea necesaria una estrategia alternativa de desarrollo resulta evidente dado el fracaso de las estrategias conocidas y aplicadas; lo que precisa alguna mayor aclaración, es la necesidad de que lo alternativo sea no sólo la estrategia, sino también el desarrollo perseguido. Ambas cosas, en realidad, están unidas, pues si se quiere un desarrollo distinto en sus contenidos y en sus formas no pueden seguirse las vías tradicionales, del mismo modo que la aplicación de una estrategia nueva no puede conducir a los mismos resultados conocidos, sino a un tipo de desarrollo distinto.

Según la concepción convencional más difundida, el desarrollo consistiría básicamente en un proceso de industrialización, que supone y a la vez implica una sustancial acumulación de capital, y cuyas fuerzas impulsoras serían una clase empresarial o el Estado (o alguna combinación de ambos sujetos), entendidos como agentes organizadores de las actividades productivas principales y más dinámicas. En su realidad concreta (la que se ve en los países desarrollados), el desarrollo es más que eso, y distinto que eso; pero así puede sintetizarse lo que suele entenderse como desarrollo, especialmente en los países que no lo tienen y que aspiran a alcanzarlo.

Para no entrar en una complicada disquisición terminológica y conceptual sobre lo que es y lo que no es el desarrollo -que nos llevaría al mismo resultado por un cambio más largo- pensemos más bien en lo que deseamos como meta e ideal de sociedad desde el punto de vista de su potencial económico, y a eso démosle el nombre de desarrollo. Probablemente imaginamos una sociedad en que las necesidades básicas de todos se hayan adecuadamente satisfechas; en que otras necesidades y aspiraciones más refinadas pueden también ser satisfechas, diferenciadamente en función de las distintas motivaciones y gustos personales; en que no hay desempleo forzado, sino una utilización plena y eficiente de los recursos humanos y materiales, y en que las personas se han liberado de las formas de trabajo más pesadas; en que hay relaciones sociales integradoras y no existe la explotación de unos sobre otros; en que hay elevados niveles de educación, la mejor salud, un ambiente culto, un excelente sistema de comunicaciones sociales, el más logrado equilibrio ecológico social, y una superior calidad de vida. (16)

Aún si prescindimos de la acuciante duda respecto al grado en que tales metas se hayan alcanzando en las sociedades industriales, hay que preguntarse acaso en los países subdesarrollados podamos aproximarnos a su realización mediante la destinación prioritaria de los recursos disponibles hacia la aceleración de un proceso de industrialización. Porque sólo en tal caso podríamos mantener, para nuestras sociedades, la asociación entre el proceso de desarrollo y el de industrialización.

Pero no es difícil percibir que priorizar la industrialización nos aleja más que nos acerca al desarrollo, tal como lo hemos concebido. Es fácil verlo en relación a cada una de las características que dejamos anotadas. En efecto, las direcciones principales del industrialismo no se hayan orientadas a la satisfacción de necesidades básicas sino de aquellas más sofisticadas que requieren artefactos de mayor elaboración y complejidad. Una política orientada a la satisfacción de necesidad básicas debiera priorizar otras ramas de la economía, como la agricultura, la ganadería, la construcción y los servicios, para satisfacer las necesidades de alimentación, vivienda, salud, educación y comunicaciones de toda la población. El industrialismo tiene sentido una vez que estas necesidades básicas de la población se encuentran razonablemente satisfechas. Tal es la experiencia de las sociedades industriales más equilibradas. Si el objetivo es un pueblo bien alimentado, con buena salud, culto, bien comunicado, que viva en viviendas dignas, hay que orientar la producción y la actividad económica directamente hacia tales objetivos y no esperar que ellos resulten de un efecto de "chorreo" que tenga el desarrollo industrial, después de que para acelerarlo hayan tenido que ser transferidos recursos desde el campo a la ciudad y desde los demás sectores hacia la industria. Agreguemos de paso, que mediante la producción en serie y estandarizada propia de la industria difícilmente se obtiene aquella variedad de productos capaces de satisfacer motivaciones y gustos personales diferenciados; mucho mejor puede lograr tal objetivo una artesanía bien implementada tecnológicamente.

Tampoco la industrialización es un camino eficiente para crear empleos y conducir a la ocupación plena de factores. De todos los sectores, es la industria uno de los que ocupa menor proporción de fuerza de trabajo por unidad de capital; y a partir de cierto nivel de industrialización básica, mientras más modernizada es la industria, menor tiende a ser la proporción de los ocupados en la industria sobre el total de la población económica activa. Son, por el contrario, aquellos mismos sectores que se orientan más directamente a la satisfacción de las necesidades básicas, los más intensivos en el empleo de trabajo humano.

En sociedades donde escasea el capital y es abundante la fuerza laboral, priorizar actividades intensivas en capital y que ocupan poca mano de obra es evidentemente darle al conjunto de los recursos un uso ineficiente, que no maximiza ciertamente el desarrollo

Similares conclusiones podemos obtener analizando los otros elementos del desarrollo deseado. La experiencia enseña que la industria no es fuente de integración social sino de conflictos, que la industrialización no elimina la explotación de los trabajadores, y que las sociedades industriales se distinguen por graves y crecientes desequilibrios ecológicos, demográficos y sociales. En general, no hay razones suficientes para asociar el desarrollo de la educación, la salud, la cultura, las comunicaciones y la mejor calidad de vida, con la industrialización moderna. Desde nuestras situaciones de subdesarrollo, parece que pueden desenvolverse mejor las potencialidades económicas desincentivando ciertos tipos de industria (mediante impuestos especiales, restricciones crediticias, etc.), fomentando la producción en los sectores primario y terciario, y reservando a la pequeña industria y al artesano aquellos rubros de producción en que puedan elaborar productos de calidad a precios no excesivamente superiores a los sustitutos industriales.

Esto no nos llevaría a una sociedad más arcaica y atrasada -como quieren sostener los que se oponen al desarrollo alternativo-, sino que podría llevarnos incluso a niveles de vida avanzadísimos, si se los evalúa con los parámetros de la calidad de vida. Pensemos a modo de hipótesis, en las situaciones siguientes: a) un desarrollo consistente y cualitativo de las comunidades, realizado transfiriendo recursos desde, por ejemplo, la industria automotriz, podría llevarnos a una situación en que excelentes medios de comunicación disponibles hagan innecesarios el uso de muchísimos automóviles y medios de transporte; b) un desarrollo cualitativo y cuantitativo del sector educación, realizado transfiriendo recursos financieros ocupados en la industria de armamentos o en una serie de industrias que producen baratijas, llevaría a una sociedad de hombres más cultos en que la demanda de baratijas disminuiría, y donde el uso de las metralletas y armas sería muy bajo; c) la liberación de recursos para el sector salud, desde una serie de industrias químicas, podría implicar construir una sociedad de personas más saludables que demandarían menos productos químicos y farmacéuticos. Por cierto, estos ejemplos no deben tomarse al pie de la letra, sino como anticipaciones dialécticas frente a una contraargumentación previsible.

2. Desarrollo no es acumulación de capital, sino incremento del saber práctico.

Junto con disociar el desarrollo de la industrialización, es preciso distinguirlo también del proceso de acumulación de capitales, con el que también se acostumbra identificarlo. En realidad, tal identificación no es sino una consecuencia del haber previamente considerado el desarrollo como industrialización, ya que es éste el proceso que requiere consistentes niveles de acumulación y concentración de capitales, sea en manos de los empresarios privados o del Estado.

En el limitado espacio de esta exposición, no podemos detenernos en la argumentación analítica necesaria para precisar exactamente la relación existente entre desarrollo y capitalización. Nos limitamos a sostener que una sociedad no es desarrollada porque disponga de abundantes capitales sino porque ha logrado expandir las potencialidades de los sujetos económicos que la conforman, ampliando el campo de sus actividades productivas, comerciales, tecnológicas, científicas, etc. Ello requiere bienes económicos concretos y una adecuada dotación de recursos materiales y financieros; pero más importante que ellos son el desarrollo de las capacidades humanas, el aprendizaje de los modos de hacer las cosas, los conocimientos científicos y tecnológicos disponibles y su grado de difusión en la sociedad, la acumulación de informaciones crecientemente complejas, la organización eficiente de las actividades, por parte de los sujetos que han de utilizar los recursos sociales disponibles.

Una sociedad puede estar transitoriamente provista de abundantes recursos de capital (como sucedió en nuestro país en el período de los créditos extranjeros fáciles que abultaron enormemente nuestra deuda externa), y sin embargo no experimentar un desarrollo sino un real empobrecimiento en el mismo período y en los sucesivos, si tales recursos no son utilizados con la suficiente inteligencia, racionalidad y eficiencia. Más que capitales el desarrollo requiere la formación de nuevos comportamientos, de determinados hábitos de conducta, de grados crecientes de organización social, requeridos por la multiplicación de las informaciones y la complejidad de las estructuras que caracterizan la sociedad moderna.

Son esclarecedoras las siguientes proposiciones de K. E. Boulding: "Por muy difícil que sea definir el desarrollo como una cantidad existe un amplio consenso acerca de que el proceso de desarrollo puede ser reconocido y que consiste en un incremento del saber del conocimiento práctico y del capital, que conlleva un aumento de la complejidad de las estructuras de la sociedad (...) En este proceso la acumulación de capital físico no humano desempeña una función importante, pero mucho más importante es la acumulación de capital dentro del sistema nervioso humano; esto es, el proceso de aprendizaje. El desarrollo es un proceso de aprendizaje y poco más. No consiste meramente en la acumulación de todo tipo de bienes, en la acumulación de capital en su sentido más simple. Consiste en desarrollar existencias de nuevos tipos de bienes, y lo más importante, consiste en desarrollar conocimientos prácticos y saber en el sistema nervioso humano que antes no existían. No es de ningún modo absurdo considerar todo el proceso de acumulación de capital esencialmente como un proceso de aprendizaje, no sólo en el sentido de que el aprendizaje humano es crucial, sino también en el sentido de que incluso el capital físico está formado realmente por conocimiento humano impuesto sobre el mundo físico" (17).

3. Los sectores populares como sujeto principal del desarrollo.

Una vez disociado el desarrollo del proceso de industrialización y de acumulación de capitales, puede también comprenderse que sus agentes promotores pueden ser sujetos distintos de los empresarios capitalistas o la burocracia estatal, o al menos que no son éstos los únicos involucrados en la tarea. La experiencia histórica de las naciones desarrolladas permite comprender que sólo puede hablarse de verdadero desarrollo allí donde la sociedad en su conjunto -todos sus grupos y categorías sociales- participan de los beneficios del desarrollo al mismo tiempo que contribuyen de algún modo a generarlo; en otras palabras, que el real agente impulsor del desarrollo no es otro que el pueblo, en su variedad de categorías y grupos funcionales.

En realidad, ha sido un intento de "acelerar el desarrollo" en los países subdesarrollados o en "vías de desarrollo", saltándose ciertas etapas que en los desarrollos anteriores habían creado las premisas culturales y social del crecimiento, lo que ha llevado a creer que hay ciertos agentes privilegiados portadores del desarrollo, en la esperanza de que apoyando a esos grupos más modernos y dinámicos se promovería el desarrollo general. Pero el resultado de tales políticas ha sido que una parte reducida de cada nación subdesarrollada se ha modernizado, mientras otra parte más grande ha permanecido estancada o incluso experimentando procesos de regresión. Así, se ha venido acentuando la separación entre "dos mundos" al interior de nuestras sociedades; el mundo de los integrados, que tiene acceso a los bienes y servicios de la vida moderna, y el mundo de los excluidos y marginados cuya segregación tiende a ser cada vez más global abarcando lo económico, lo político, lo cultural y lo territorial.

Precisamente, tal segregación social es una de las características más relevantes del subdesarrollo de una sociedad. Dada la existencia de los mencionados "dos mundos" tan desiguales y separados, cada vez es más evidente que ningún índice ni parámetro que promedie entre ambas situaciones (tales como el conocido "ingreso per cápita") puede considerarse como indicador del desarrollo, ni siquiera lejanamente aproximado; menos aún podría serlo alguna variable interna al sector modernizado (como sería, por ejemplo, la cantidad de computadoras utilizadas, o el volumen del comercio exterior). Por el contrario, el principal indicador del subdesarrollo de un país no es otro que la amplitud (como porcentaje de la población afectada y como grado de su pobreza) que hayan alcanzado en él la exclusión y marginación social, económica, política y cultural.

Llegamos así a una conclusión decisiva: que la condición fundamental para iniciar un proceso de desarrollo no es proveer de capitales a una clase empresarial o a un organismo estatal, sino reducir el espacio de la marginalidad y la exclusión. Y, si es por allí que donde debe y puede comenzar el desarrollo (cuyo carácter alternativo a estas alturas de la exposición es evidente), se concluye que en esta fase los principales agentes del desarrollo no serán otros que los mismos excluidos y marginados; los habitantes de las poblaciones periféricas, los campesinos, los obreros, los técnicos y profesionales que constituyen la fuerza de trabajo de un país.

Si unimos ahora esta conclusión a la anterior relativa a la naturaleza del desarrollo, podemos comprender que tal proceso consistirá, al menos en sus fases iniciales y por un período que puede preverse prolongado, en la ampliación de las capacidades humanas, del saber práctico, de las informaciones, de las capacidades de gestión de actividades económicas racionalmente organizadas, por parte de los distintos sectores y grupos sociales que conforman el mundo actualmente subordinado.

4. La economía popular solidaria como agente del desarrollo alternativo.

Desde esta perspectiva de un nuevo y distinto desarrollo, es posible comprender el papel que pueden cumplir en el proceso las OEP, el cooperativismo, las empresas autogestionadas de trabajadores y la economía solidaria en general. Al plantear el tema, es preciso aclarar de partida que nadie piensa que estas organizaciones sean el único y ni siquiera el más decisivo factor del desarrollo; porque, como anotamos, el desarrollo es un proceso que para ser verdadero debe involucrar al conjunto de la sociedad, y ello sólo es posible si todos los sectores participan, ante todo, desarrollándose a sí mismos y contribuyendo al desenvolvimiento general. El de las OEP y otras formas de economía solidaria será considerado, pues, como un aporte sustancial e indispensable, tan sustantivo y necesario como ha de serlo el de los trabajadores asalariados a través del mejoramiento de su productividad, capacidades y organización social y sindical, o como el de los profesionales y técnicos mediante la ampliación de sus capacidades de crear, implementar y difundir nuevas tecnologías, informaciones y conocimientos.

Veamos, pues, cual contribución pueden hacer al desarrollo estas organizaciones populares y de trabajadores. Si el primer elemento del desarrollo consiste en la satisfacción de las necesidades básicas de la población, no cabe sino destacar tal contribución como importante, toda vez que esas organizaciones apuntan directamente a tal objetivo, mediante el despliegue de las capacidades y recursos de los mismos grupos que enfrentan serios problemas de subsistencia.

Se ha hecho habitual pensar las OEP y otras formas de economía popular de solidaridad como actividades de subsistencia, y por eso mismo postular su precariedad y escasa aportación al crecimiento económico y a la transformación social. Cabe, sin embargo, observar, que asegurar la subsistencia en las condiciones actuales de exclusión y extrema pobreza es una meta aún por alcanzar, que lograrla significaría de por sí un avance cualitativo y significativo de nuestra sociedad. Por otro lado, el sólo hecho de que varios miles de familias alcancen la autosubsistencia desde la situación marginal en que se encuentran, y que lo hagan sin tener que recurrir a la acción asistencial del Estado o al sometimiento a las condiciones que les exige el capital (en otras palabras, sin depender de algún patrón), sería un logro formidable desde el punto de vista de crear las condiciones o premisas de un proceso de desarrollo autosostenido. Desgraciadamente, aún no es posible afirmar que las OEP permitan realmente la autosubsistencia de sus integrantes, aunque contribuyen, en muchos casos en forma significativa, a su logro. Lo que queremos destacar es que la autosubsistencia implica un elevado nivel de desarrollo de las propias capacidades de trabajo y de autogestión, y que es un error minimizarlo y, más aún, contraponerlo a lo que serían las actividades de desarrollo.

Otro elemento del desarrollo al cual las OEP y otras formas cooperativas y autogestionadas pueden contribuir significativamente, se refiere al incremento de la disponibilidad general de recursos, y en particular, al logro de crecientes niveles de empleo de la fuerza de trabajo. La organización y puesta en actividad de tales recursos pone a la economía popular de solidaridad operante en torno a un punto nodal de cualquier estrategia de desarrollo; porque -como afirma A. O. Hirschman- "el desarrollo no depende tanto de saber encontrar las combinaciones óptimas de recursos y factores dados, como de conseguir, para propósitos de desarrollo, aquellos recursos y capacidades que se encuentran ocultos, diseminados o mal utilizados" (18).

Una de las características relevantes de las organizaciones solidarias y autogestionadas desde el punto de vista económico consiste, precisamente, en que ellas movilizan recursos económicos anteriormente inactivos; estas organizaciones están a menudo en condiciones de aprovechar recursos, que por su menor productividad en términos físicos o de dinero, son descartados por las empresas capitalistas. Ello es particularmente válido con respecto a la fuerza de trabajo: en las organizaciones solidarias pueden encontrar ocupación trabajadores menos calificados o de menor productividad, la llamada fuerza de trabajo secundaria, y también es posible el empleo de tiempos parciales o discontinuos que difícilmente pueden ser utilizados en otros sectores de la economía. Esto es económicamente viable porque las organizaciones solidarias operan con menores costos de factores, y porque sus integrantes pueden aportar y obtener valores y beneficios de otro tipo, servicios de capacitación, cultura, salud, etc., que forman parte del beneficio global, y que en otros tipos de empresa no interesan. Además de esto, está la más importante posibilidad que crean, de que una parte al menos de los trabajadores desocupados, que a menudo poseen niveles de calificación considerables, puedan desempeñar funciones productivas y de servicio, socialmente útiles.

Algo similar sucede con respecto a otro tipo de recursos: uso de equipos y herramientas de menor productividad, utilización de tecnologías tradicionales, formas de gestión que desde una perspectiva capitalista serían consideradas ineficientes, etc. En general, hay en la economía popular solidaria una capacidad de realizar actividad económica con recursos marginales, y este mismo hecho ayuda a mantener bajos los costos de operación.

Pero quizás lo más significativo sea, en este sentido, el hecho que las organizaciones económicas populares, cooperativas y autogestionarias ponen en actividad capacidades creativas, organizativas y de gestión que se encuentran socialmente diseminadas y que no han sido nunca económicamente aprovechadas. Si ellas lograran despertar y desplegar lo que podría denominarse "empresarialidad popular", su contribución al desarrollo sería notable, pues el factor empresarial es considerado como uno de los más escasos y decisivos.

Otro aspecto importante para comprender el aporte que puedan hacer estas formas económicas a una estrategia de desarrollo, se refiere al nivel de eficiencia con que ellas emplean los recursos que movilizan. En efecto, es habitual el enunciado de quejas sobre ineficiencia; sin embargo, al hacerse comparaciones con otros tipos de empresas, es preciso no olvidar que a menudo estas unidades económicas utilizan recursos que aquéllas han descartado o que simplemente no están en condiciones de emplear; en este sentido, resulta evidente que están ocupando esos recursos humanos y materiales en forma más eficiente de cuanto lo hacen otras formas de organización económica... que simplemente no los consideran. Además de eso, es necesario comprender que el concepto de eficiencia y el modo de evaluarla es, en estas organizaciones, distinto al de otras, pues responde a su específica y peculiar racionalidad económica, como vimos anteriormente. Lo que observamos a nivel de aquél análisis microeconómico debe ser aquí recordado y tenido en cuenta.

Algo avanzamos también con relación a otra cuestión que se discute en la perspectiva de precisar el aporte que pueden hacer al desarrollo estas organizaciones: la de sus capacidades de acumulación. Se sostiene, efecto, que el desarrollo implica producción de excedentes sobre el consumo, que puedan ser invertidos en términos productivos. Pasando por alto la imprecisión conceptual de esta afirmación, y aceptándola provisoriamente como válida, cabe observar lo siguiente.

En la medida que estas unidades económicas establecen con terceros relaciones de mercado, ellas tiene la posibilidad de acumular los excedentes no consumidos, formar un capital de reservas, hacer inversiones productivas en la misma unidad, etc. Sin duda este tipo de acumulación es muy poco significativo en la actual situación de las formas económicas populares, aún cuando no sería de extrañar que en términos proporcionales el coeficiente de inversión sea en algunas unidades populares, y en las cooperativas y empresas autogestionadas, más alto que el que muestran las empresas de otro tipo y la economía nacional en su conjunto.

Pero, además de esto, hay que considerar que el tipo principal de acumulación en la economía popular solidaria consiste en el desarrollo de valores, capacidades y energías creadoras por parte de los sujetos que participan en ellas. Tal potenciamiento de las capacidades y recursos humanos: de la fuerza de trabajo a través de la capacitación y el ejercicio laboral, de las fuerzas tecnológicas a través de los distintos mecanismos de información y comunicación que estas organizaciones crean, de las capacidades organizativas, empresariales y de gestión, a través de la participación y la autogestión, puede ser entendido como un proceso permanente de inversión productiva, propio de este tipo de economía popular y solidaria.

Volvemos así al punto que destacamos a nivel del problema macroeconómico del desarrollo, que es igualmente válido para cada unidad productiva: es preciso superar la creencia de que la única inversión es la que se efectúa con recursos financieros y de capital. Aún cuando no se verifique una mediación monetaria, es preciso reconocer verdadera acumulación y verdadera inversión allí donde existe algún potenciamiento de las capacidades productivas, un incremento cuantitativo o cualitativo de factores económicos, que se traduzcan en un incremento de la productividad en términos de bienestar humano. Tal es, como vimos, la esencia del desarrollo.

A modo de conclusión de este breve y esquemático análisis del significado de la economía popular solidaria en el despliegue de un desarrollo alternativo, volvemos a sugerir una actitud intelectual y metodológica nueva. Más que preguntarse si son o no organizaciones estables y dinámicas, o si pueden o no hacer contribuciones al desarrollo, hay que centrarse en el descubrimiento de potencialidades en vistas de identificar los modos para hacerlas operantes y más reales. Transformar, entonces, los interrogantes que han dominado el debate sobre las OEP, las cooperativas y la autogestión, en estos nuevos términos: ¿de qué modo es posible desplegar las potencialidades transformadoras que tienen estas formas de organización económica popular?; ¿cómo potenciar el crecimiento de los nuevos modos de pensar, de sentir, de actuar y de realizarse, que están en germen en este proceso organizativo?; ¿qué hacer para transformar una estrategia de subsistencia en una eficiente alternativa de desarrollo?

(16) "El desarrollo puede definirse como un cambio cualquiera en el estado o condición total de una sociedad que aumenta su producción en términos de bienestar humano" (K. E. Boulding). Con esta definición, se expresa sintéticamente los distintos elementos con que hemos caracterizado el desarrollo deseado, pueden estar de acuerdo la mayoría de los economistas. Las dificultades comienzan cuando se quiere disponer de indicadores cuantitativos del bienestar humano, especialmente si se opta por algunos tan burdos como el de "renta nacional real por habitante".

(17) K.E. Boulding, La economía del amor y del temor, Alianza editorial, 1973, pág. 122-123.

(18) A. D. Hirschman, La estrategia del desarrollo económico, F.C.E. 1961, pág. 17.

CAPITULO VII

PARA UNA PROYECCIÓN POLÍTICA DEL PROCESO DE FORMACIÓN Y DESARROLLO DE LA ECONOMÍA POPULAR DE SOLIDARIDAD

Nuestro análisis de las perspectivas y potencialidades transformadoras que tienen las organizaciones económicas populares y demás formas de economía de solidaridad quedaría inconcluso y trunco si no abordáramos específicamente la cuestión política. Hasta aquí nuestras reflexiones se han concentrado especialmente en los aspectos económicos de las organizaciones mismas, del proceso organizativo, y del proyecto de transformación democrática y de desarrollo; pero el tema político ha estado siempre latente y presente, más o menos implícitamente, en los varios niveles por los que ha ido ascendiendo el análisis.

Al analizar empírica y teóricamente las características y naturaleza de las unidades de base hemos destacado, en efecto, la unidad e integración que en ellas se manifiesta entre los aspectos económicos, sociales, culturales y políticos. Relevamos también la presencia que hay en ellas de una implícita voluntad de hacer un aporte al cambio en la perspectiva de una sociedad mejor y más justa; y al plantear la cuestión de sus reales potencialidades pusimos de manifiesto como éstas pueden descubrirse sólo si las consideramos en la perspectiva de un proyecto global, que no puede ser puramente económico. Así, apareció implícitamente el tema político al considerar las tres hipótesis interpretativas de carácter ideológico (y sus variantes) con las que se tiende a enfocar el tema de las perspectivas y potencialidades, y se hizo sustancialmente presente –aunque no lo explicitamos en el momento esperando hacerlo ahora- al analizar los conceptos de mercado y mercado democrático y al precisar el significado de un proceso de democratización económica, allí donde el elemento crucial de las reformulaciones conceptuales estaba dado por la introducción de los elementos de poder y de relaciones de fuerza en el análisis de la economía.

Es necesario hacer explícita ahora la cuestión política involucrada en todo este proceso, y analizar las posibilidades de inserción de estas formas organizativas en un proyecto de transformación global que tiene también una dimensión política, ineludible. No siendo esta dimensión política el centro ni la motivación principal de nuestro estudio, a ella podremos dedicarle solamente un espacio limitado; el suficiente para delinear y destacar las que parecen ser las novedades más relevantes que pueden ser elaboradas y construidas en el plano del pensamiento y de la acción política, a partir de las organizaciones, procesos y perspectivas económicas que estamos considerando. En particular, presentaremos lo que puede ser un enmarcamiento de las perspectivas que en el plano político puedan ser desplegadas, sin entrar al análisis particular de la contribución y la inserción concreta que estas formas organizativas pueden hacer en vista de su realización histórica; pero esperamos dejar el tema suficientemente delineado como para que cada uno pueda extraer conclusiones y precisar líneas de organización más concretas.

Teniendo en cuenta todo lo expuesto hasta aquí y la naturaleza misma de las formas organizativas y de las experiencias y actividades que estamos examinando, el punto de partida y el centro de nuestro enfoque del problema no puede ser otro que el de las relaciones entre economía y política; el cual como esperamos mostrar, constituye un punto nodal de la cuestión política en general.

1. Las relaciones entre economía y política.

El problema de las relaciones entre economía y política, y más ampliamente entre sociedad civil y Estado, es uno de los ejes centrales del debate intelectual de nuestra época, a nivel ideológico, teórico y científico. Ciertamente no es una cuestión de exclusivo interés académico; por el contrario, frente a este tema se adoptan posiciones económicas, políticas y culturales de la mayor relevancia.

Curiosamente, el debate al respecto no lleva a enfrentar posiciones de derecha con posiciones de izquierda, reaccionarios contra progresistas, sino que se manifiesta al interior de cada una de esas culturas y frentes contrapuestos. Surge así una oposición de otro tipo, entre quienes privilegian la sociedad civil y la economía y quienes sostienen la primacía de la política y del Estado, tanto en función de proyectos conservadores, reaccionarios o de derecha, como de proyectos transformadores, progresistas o de izquierda.

De este modo, si nos representamos la confrontación tradicional entre derechas e izquierdas en un campo o espacio tal que los distinguimos por su ubicación a ambos lados de un eje vertical, podemos representar las posiciones que se debaten en torno a las relaciones entre economía y política por la división del mismo campo mediante un eje horizontal que distingue un arriba (que privilegia la política) y un abajo (que hace primar las actividades de la sociedad civil). Al lado derecho del campo, en la parte de arriba, podremos encontrar posiciones fascistas, nacional-socialistas y nacionalistas de derecha, y en la parte de abajo las posiciones liberales y neo-conservadoras, mientras que al lado izquierdo del campo, en la parte alta identificaremos las posiciones comunistas, socialistas y de corte leninista, y populistas, y en la parte de abajo las posiciones cooperativistas, autonomistas, socialistas autogestionarias y comunitarias. En toda la parte alta encontraremos el acento puesto en la sociedad política y en el Estado, mientras en la parte baja hallaremos énfasis sobre la sociedad civil y el mercado. Arriba tendencias centralizadoras, de autoridad y disciplina en torno a proyectos globales (nacionales o internacionales); abajo tendencias a la descentralización, de autonomía y autogestión en torno a organizaciones de base y proyectos locales.

Siguiendo con la representación propuesta, el campo nos resulta dividido no en dos sino en cuatro sectores, lo que permite construir un gráfico posicional con la ubicación relativa de todas las fuerzas y posiciones políticas según su mayor o menor distancia respecto de ambos ejes perpendiculares.

	Izquierda (Clases Subordinadas)	Derecha (Clases Dominantes)
Sociedad Política (Estado)	Comunismo Socialismo Populismo Social Democracia	Nacional Socialismo Fascismo Autoritarismo Nacionalismo
Sociedad Civil (Mercado)	Autogestión Comunitarismo Autonomismo Anarquismo	Social Cristianismo Neo-Liberalismo Ultra-Conservadores Corporativismo

Resulta interesante observar que las posiciones extremas respecto al eje izquierda-derecha resulta también adscritas a lugares extremos respecto del eje economía-política; y que también, aquellas posiciones que se articulan en lugares centristas respecto al eje izquierda-derecha lo hacen también en torno a posiciones centrales respecto del eje sociedad civil-sociedad política. Si ello es verdad, nuestro gráfico posicional nos permite detectar que el espectro de posiciones tiende a distribuirse en líneas imaginarias de frecuencia dispuestas diagonalmente. Y podemos, también, distinguir, entre posiciones opuestas (cuando dos agrupaciones políticas se encuentran en distinto lado respecto de un eje y al mismo lado respecto del otro), y contradictorias (cuando las agrupaciones las encontramos en distinto lado respecto de ambos ejes). Por ejemplo, hay oposición entre liberales y cooperativistas, entre nacionalistas de derecha y neo-conservadores, entre fascistas y comunistas, entre socialistas leninistas y autogestionarios etc.;pero hay contradicción entre comunistas y liberales, entre fascistas y cooperativistas, entre neo-conservadores y populistas, etc.Estamos conscientes de que esta esquematización implica una simplificación excesiva, y puede tener un uso inadecuado que se traduzca en enojosas reacciones de parte de quienes no se sientan cómodos en las posiciones que se les asigna o atribuye. De todas maneras, puede resultar útil para destacar la relativa independencia del eje tradicional que distingue entre derechas e izquierdas, respecto al otro que nos interesa profundizar aquí sobre las relaciones entre economía y política, mercado y Estado, sociedad civil y sociedad política.

Para que se comprenda mejor la utilidad que esperamos pueda presentar nuestro gráfico posicional, quizás es conveniente agregar algo respecto a los motivos que nos llevaron a pensarlo; y es que en forma recurrente y creciente uno se encuentra en dificultades para identificar respecto de la tradicional distinción entre izquierda, centro y derecha, a diferentes ideas, proyectos y propuestas económicas y políticas que son elaboradas y levantadas por diversos grupos y movimientos, en los años recientes.

Pensemos en algunos procesos que son próximos a los que estamos aquí analizando. Por ejemplo, en las tendencias de renovación política, que están significando una revalorización de la democracia y un distanciamiento del centralismo, un redescubrimiento de los poderes locales y de la descentralización, un accionar que considera crecientemente como sujetos relevantes aquellos que emergen de la sociedad civil. Pensamos también en las posiciones o movimientos que se autocalifican como alternativos, que suponen una valoración de las organizaciones de base y de su autonomía respecto de las instancias políticas, el descubrimiento de las dimensiones tecnológicas y ecológicas, los acentos puestos en la autogestión y en la generación de alternativas económicas basadas en relaciones de comunidad. En la misma dirección apuntan mis propias elaboraciones respecto de las organizaciones económicas populares, de la economía de solidaridad, las empresas de trabajadores y la democratización del mercado.

No cabe duda que todos esos procesos y elaboraciones significan desplazamiento al interior de un espacio o escenario político y cultural; alejamiento respecto de ciertas posiciones y aproximaciones a otras. Pero no cabe duda tampoco, de que estos desplazamientos serían erróneamente interpretados si se los encuadra en una simplista distinción entre derecha e izquierda, como si representaran simplemente movimientos hacia la derecha o hacia el centro. Por el contrario, en muchos de ellos hay desplazamientos hacia posiciones muy radicales, como resultado de una acentuada sensibilidad de rechazo a los autoritarismos y fascismos. Desplazamientos y problemas análogos pueden observarse también en el campo de la derecha.

Este conjunto de nuevas elaboraciones y desplazamientos ideológicos están asociados a un cuestionamiento de las distinciones tradicionales entre izquierda y derecha; pero no se trata de negar esta vieja polaridad, que sin duda existe, sino de precisar mejor su contenido real. En efecto, la consideración de un segundo eje que diferencia las posiciones y opciones políticas de manera independiente a la distinción entre izquierda y derecha lleva naturalmente a una nueva identificación de lo que esta distinción tradicional incluye e involucra, toda vez que se hace posible precisar mejor su sentido eliminando las interferencias y elementos de confusión derivados de la mezcla de los dos ejes. Más concretamente, puede identificarse lo especifico del ser "izquierda" y "derecha", purificando ambas nociones de aquellos elementos ideológicos o proyectuales que no corresponden a éste sino al eje sociedad política-sociedad civil.

Así, una posición de "izquierda" no se identifica por la adherencia a la idea de la predominancia de lo político y del Estado, que son puntos de vista de vista que pueden mantenerse tanto desde posiciones de derecha como de izquierda; y una posición de "derecha" no se identifica por la adherencia a la idea de libertad económica, de autonomía de las organizaciones, o de regulación a través del mercado, que son puntos de vista que pueden sostenerse también desde posiciones de izquierda. La clarificación del panorama político que de este modo se logra, puede ser muy notable pues implica una posibilidad de superación de confusiones y ambigüedades que durante mucho tiempo han acompañado los debates y procesos políticos.

Purificada de las interferencias del eje vertical, la distinción entre las posiciones de izquierda y derecha resulta precisada –esquemáticamente- por el juego de las oposiciones que ya mencionamos, a saber, entre capital y fuerzas capitalistas, por un lado, y trabajo y fuerzas laborales, por el otro; entre clases y sectores sociales privilegiados y dominantes, y sectores populares y clases subordinadas; entre defensores del statu quo y grupos conservadores, por un lado, y promotores y luchadores por los cambios estructurales con sentido progresista por el otro.

Pero las posiciones políticas reales, en su efectiva complejidad, sólo podrán identificarse mediante la consideración del otro parámetro –el de las relaciones verticales- en combinación con éste horizontal. Cada uno puede ahora identificar las opciones y los desplazamientos que se producen en el ámbito político, disponiendo de un instrumento de comprensión simple y eficaz.

Dejando esta reflexión hasta aquí, debemos avanzar ahora hacia un nivel de análisis más profundo, que implica una más atenta y cuidadosa consideración de la historia. Nos interesa adelantar en la comprensión de nuevas articulaciones posibles entre economía y política, en la perspectiva de un proceso global de democratización de la economía y de la política, del mercado y del Estado. En este análisis quedará de manifiesto la importancia privilegiada que atribuimos a los desplazamientos hacia el sector a la izquierda y debajo de nuestro gráfico posicional.

2. Evolución histórica de las relaciones entre sociedad civil y sociedad política.

En grandes líneas mostraremos que la historia de la sociedad moderna ha visto desplazamientos del centro de gravedad político que corresponden con buena aproximación a nuestros cuatro sectores; más exactamente, a tres de ellos, surgiendo la interrogante de si sea llegada la hora de buscar y encontrar soluciones a la presente crisis orientándonos hacia el cuarto sector, aún no explorado.

Para comprender adecuadamente el problema de las relaciones entre sociedad civil y sociedad política, es preciso tener en cuenta que su distinción y separación es un resultado de cierto proceso histórico que se originó en los albores de la época moderna. En el orden social tradicional, entre el sistema de poder o "sociedad política" y el sistema de las actividades económicas, sociales o culturales o "sociedad civil", existía organicidad: se trataba de un orden jerárquicamente dispuesto, donde cada grupo social se mantenía en su propio espacio vital, y donde los dirigentes y los dirigidos tenían similares creencias y debían comportarse conforme a una misma moral, de carácter fundamentalmente religiosa, que los vinculaba entre sí y los ligaba a una común fidelidad superior. La separación entre sociedad civil y sociedad política se produce con la disolución del orden medieval, como consecuencia del despliegue de las libertades individuales.

Por un lado, la sociedad civil (como sistema de las actividades vulgarmente dichas privadas) se transforma completamente con el desarrollo de las ciencias, del racionalismo, del empirismo, con la expansión de los nuevos métodos de producción, del comercio, el transporte y las comunicaciones, con la formación de la burguesía y de las nuevas clases sociales, con el desarrollo de las ideologías y de los partidos políticos; se transforma y se autonomiza respecto de los poderes tradicionales, constituyéndose como un espacio en que las actividades individuales y la competencia comienzan a desplegarse con libertad, o más concretamente, en un contexto de lucha y conflictos entre intereses y aspiraciones particulares.

Por otro lado, el poder político reacciona autoritariamente en un esfuerzo por conservar y restaurar el antiguo orden, trata de asegurar para sí al menos el monopolio de la violencia y de la administración burocrática; la sociedad política se refuerza, conformándose como un "cuerpo separado" que se pone por encima de la sociedad civil.

Se configura de este modo la primera forma de lo que podemos considerar Estado moderno, con base en la unidad territorial de dimensiones nacionales: el Estado absoluto. La primera figura del Estado moderno es, pues, la de un poder autoritario que se impone por la fuerza y que es estructuralmente restrictivo de las libertades individuales. Estamos en el ángulo superior derecho del cuadrante.

Fue en aquel contexto histórico que una serie de pensadores políticos se plantearon el problema de cómo construir una relación orgánica nueva entre sociedad civil y sociedad política, en un nuevo orden social que no niegue las recién conquistadas libertades individuales y económicas, y que tuviera en cuenta la enorme diferenciación que se estaba produciendo a todo nivel en la vida social.

La respuesta de estos intelectuales fue el proyecto liberal de un Estado democrático moderno, el cual se fue progresivamente realizando en Europa y expandiendo lentamente hacia otras regiones del mundo. El Estado democrático moderno surgió, así, como un método y una forma de organizar el gobierno político de la sociedad allí donde se reconoce a los individuos la libertad económica, de asociación política, el pluralismo del pensamiento y la circulación libre de las ideas. En su estado puro, el ideal democrático liberal implica en primer lugar la autonomía de la sociedad civil respecto de la sociedad política: las actividades económicas, culturales, religiosas, políticas, científicas tienen en la sociedad civil su espacio de desarrollo libre, sin interferencias estatales. Respecto de ellas el Estado se limita a fijar las "reglas de juego", o sea normas generales comunes a todos, garantizando los derechos de los ciudadanos y la propiedad privada. Garantía de la autonomía de la sociedad civil es la sujeción del Gobierno a un orden constitucional que establece los límites de su poder de modo restrictivo.

En segundo lugar, el ideal democrático implica la representatividad de la sociedad política y de los poderes públicos; esto significa que la legitimidad del gobierno y de las autoridades se construye en la sociedad civil y se manifiesta a través de la expresión de la voluntad soberana del pueblo a través del voto.

El tercer elemento del modelo democrático liberal es el carácter no-ideológico y la neutralidad del Estado. El Estado no tiene una ideología oficial permanente, es institucional y formalmente neutro respecto de las ideologías y formas de pensamiento que se desarrollan en la sociedad civil. Estas formas ideológicamente vacías del Estado se llenan de aquellos contenidos intelectuales y morales que se desarrollan autónomamente en la sociedad civil, siendo el Estado orientado, cada vez, por aquellas concepciones que logran en ésta un desarrollo mayoritario y hegemónico. Sólo así las distintas expresiones culturales podrán sentir que el Estado no las excluye a priori, pudiendo confiar en que su expansión en la sociedad civil las puede llevar a acceder a funciones políticas dirigentes. La neutralidad del Estado es afirmada no sólo respecto a las ideologías, sino también económica y jurídicamente: todos los ciudadanos son iguales ante la ley, y el Estado no interviene en los contratos privados ni en las relaciones de mercado, sino fijando normas de validez general.

La idea central de este ideal democrático es que la sociedad política sea representativa de la sociedad civil, que le esté subordinada y dependa de ésta en su evolución, teniendo además un margen de poder limitado constitucionalmente. La democracia moderna surge, pues, como una tendencia reductora del Estado, y se afirma históricamente en lucha y oposición al absolutismo que constituyó la primera figura del Estado nacional moderno. Hay, pues, en este proyecto democrático-liberal un consistente desplazamiento hacia la parte inferior del cuadrante.

Este modelo teórico-político del Estado liberal democrático fue asumido por los grupos sociales emergentes en el contexto del desarrollo del capitalismo y el industrialismo, en particular por aquellos sujetos que desarrollaban iniciativas económicas y políticas fundadas en la propiedad privada y el capital. El centro de gravedad se coloca consecuentemente en el ángulo inferior derecho del cuadrante.

El ascenso del "bloque burgués", la difusión del nuevo tipo humano –el individuo libre sujeto de derechos económicos, políticos y culturales-, y la ampliación del mercado capitalista, cumplen una etapa significativa en la historia política moderna; sin embargo, dichos procesos encuentran pronto sus límites históricos y estructurales. El individuo sujeto de iniciativa económica y empresarial se realiza sólo en una proporción limitada de la población, porque dicha iniciativa supone la posesión de capital y de propiedad, dada la configuración capitalista del mercado; la empresa capitalista implica estructuralmente una fuerza de trabajo social no individualizada, no libre sino sujeta a utilización heterónoma.

Amplios, mayoritarios grupos sociales quedan al margen de la libertad económica, permanecen subordinados al capital, constituyéndose como una masa proletaria dependiente y no diferenciada en individualidades libres. También la individuación intelectual –el individuo en cuanto sujeto libre de pensamiento y de actividad creativa-, permanece restringido a los grupos intelectuales dirigentes, mientras que grandes masas quedan al margen del desarrollo científico y cultural moderno, y no alcanzan tampoco la libertad de expresión que queda fuertemente condicionada a la posesión de medios económicos.

Así, el proyecto económico-político liberal comienza a poner de manifiesto precozmente sus contradicciones, su utopismo, la no-correspondencia de sus supuestos teóricos con los datos de la realidad social: el ser un modelo político pensado para organizar hombres libres, que en la realidad capitalista constituyen sólo una minoría social. Hay en este sentido una suerte de realismo político aristocrático en la instauración de "democracias restringidas" que reconocían derechos ciudadanos sólo a ciertas clases o a quienes acreditaban determinados niveles culturales. Pero las pretensiones del modelo teórico eran universales. Antes que el proyecto democrático liberal llegara a perfeccionarse históricamente, comienza a deteriorarse: la sociedad política se revitaliza y separa de los controles de la sociedad civil; muchos tornan a la concepción del Estado como pura fuerza, como cuerpo separado por encima de la sociedad civil.

El proceso histórico es al respecto complejo y diferenciado según los países y regiones; no podemos pretender aquí dar cuenta del mismo. Pero la dirección que sigue es inequívoca, en el sentido de un desplazamiento del centro de gravedad hacia arriba. En concreto, el Estado fue reasumiendo crecientes funciones, desplegando nuevas actividades, creciendo y abandonando su neutralidad social e ideológica. La burocracia pública se desarrolló notablemente consolidando grupos de funcionarios permanentes (civiles y militares) que escapan al control de los mecanismos de representación. Ante la presencia de movimientos sociales de reivindicación popular en lo económico, o de oposición política a los gobiernos, el Estado reacciona desplegando actividades coercitivas y ampliando los aparatos policiales. Los ejércitos permanentes se expanden inusitadamente ante las guerras y conflictos potenciales entre los Estados.

Se va configurando un tipo de Estado que tiene dos principios de organización paralelos y complementarios, y consecuentemente dos estructuras interrelacionadas en un sistema de poder y dirección complejo. Junto al principio y al sistema de representación (cuyos órganos principales son los partidos políticos, el parlamento, los medios de comunicación, las asociaciones privadas, etc.), se configura un sistema burocrático (cuyos órganos son todos los aparatos de la burocracia civil y militar relativamente independientes de la opinión pública). Mientras el lado representativo del Estado se legitima a través de las expresiones políticas de la voluntad ciudadana, el lado burocrático obtiene su legitimidad en base a las competencias técnicas y a la eficiencia que manifieste en el ejercicio de sus funciones.

En esta nueva forma –llamada también democracia- el Estado se presenta como una combinación de fuerza y consenso, de hegemonía y de control, de dominio y de coerción política. En esta nueva configuración de los Estados modernos, las relaciones entre economía y política, y más en general, entre sociedad civil y sociedad política, y entre dirigentes y dirigidos, se tornan más complejas, más densas, viscosas. Se trata de una verdadera crisis del modelo liberal que tiene su origen y que a su vez da lugar a procesos sociales, culturales y políticos de vastas proporciones. Como respuesta a esta crisis y como resultado de estos procesos, los Estados evolucionan en formas diferenciadas.

En algunos casos la energía social y política de las masas subordinadas desborda los canales del orden estatal establecido y conduce a una reestructuración global de la sociedad. El fenómeno de los socialismos reales surge de la derrota histórica de la burguesía y del movimiento democrático en sociedades en que habían alcanzado menor desarrollo y consistencia, levando a una reestructuración del sistema económico-político tal que la sociedad civil es ampliamente absorbida por el Estado y subordinada a la sociedad política. Tenemos en todos estos casos, un rápido desplazamiento hacia el sector izquierdo del cuadrante, acompañado de un nuevo y acelerado desplazamiento hacia su parte superior. Esas sociedades encuentran, así, su centro de gravedad en el ángulo superior izquierdo de nuestro gráfico posicional.

En otros casos los sectores plutocráticos imponen su poder con el uso de la fuerza y de la propaganda técnicamente perfeccionada, desmontando también la institucionalidad democrática. El fenómeno fascista es, en esencia, la estructuración de un Estado autoritario que garantiza el poder burgués impuesto burocráticamente a una sociedad civil en la cual han sido abolidas las autonomías políticas y culturales, y donde gran parte de las actividades "privadas" tienden a ser controladas por, o incorporadas a, la esfera estatal. Nos hallamos en estos casos siempre en el plano de arriba, pero en el extremo derecho.

En otros casos, en fin, donde las estructuras democráticas habían alcanzado mayor consistencia y donde la sociedad civil era más homogénea y cohesionada, se logran combinaciones en las que se conservan elementos importantes del modelo democrático liberal junto al desarrollo creciente del tamaño del Estado y de sus funciones económicas, políticas y culturales. En este sentido se verifican muchas experiencias diversificadas: quizás las más importantes son las del fenómeno norteamericano y del fenómeno socialdemócratico. El fenómeno norteamericano es, en esencia, el de un Estado que mantiene las formas y estructuras democráticas y el predominio de la clase burguesa, pero donde la hegemonía y el poder se ejercen fundamentalmente a través de la burocratización y tecnificación funcional de los mismos instrumentos de la representación: el lado burocrático del Estado ha penetrado subrepticiamente el elemento representativo; sin que se niegue la autonomía de la sociedad civil, el nexo entre ella y la sociedad política está construido más "técnicamente" que "políticamente". El fenómeno socialdemócrata consiste en la estructuración de un Estado donde el lado representativo y el lado burocrático se equilibran democráticamente, pero en donde se ha reducido la autonomía de la sociedad civil; se mantienen en la esfera privada gran parte de sus actividades propias, pero la sociedad civil es sometida como conjunto al control de una sociedad política que se ha expandido notablemente.

En su conjunto estas reestructuraciones implicaron globalmente una inaudita expansión del Estado, y consiguientemente una acentuación de la primacía de la política frente a los demás ámbitos de la actividad social. En particular, la "gran crisis" de los años treinta y la respuesta que se le dio en términos de ampliar la intervención del Estado en la regulación del mercado y en el control de ciertos medios de producción fundamentales, han alterado sustancialmente la relaciones entre economía y política. En efecto, el Estado redistribuye ingresos, amplía la demanda pública, salva empresas, despliega servicios públicos para su satisfacción socializada, desarrolla sus propias capacidades empresariales, planifica y programa proyectos nacionales, se constituye como el principal centro de comunicación social, difunde y publicita ideologías, filosofías y religiones. Con todo ello, la sociedad civil se torna crecientemente dependiente de la sociedad política, y junto con ello, las personas, comunidades y grupos sociales de cualquier tipo entran también en situaciones de dependencia tan profundas que la actividad reivindicativa se convierte en uno de los mecanismos principales de participación en los sistemas de distribución y asignación de recursos y de ingresos.

3. La configuración de un espacio político alternativo.

A este punto de nuestra exposición se abren varias alternativas de continuación del análisis, que apuntan todas ellas en la dirección de dar fundamentos a una propuesta de democratización real (que desplace el centro de gravedad hacia la parte inferior del cuadrante) y de socialización sobre la base de un desarrollo popular centrado en el trabajo (que los desplace hacia el lado izquierdo), esto es, a un proceso de experimentación práctica elaboración teórica y realización histórica, al interior del sector menos explorado intelectual, política y económicamente, esto es, el sector inferior-izquierdo del gráfico posicional.

Podría, por ejemplo, examinarse y diagnosticarse con rigor la crisis que afecta desde hace algunas décadas a los varios sistemas económico-políticos que se basan en la primacía de la política y en la subordinación o absorción de la sociedad civil en el Estado. Con tal examen podría concluirse que estamos en presencia de una crisis orgánica, estructural, en el sentido que engloba y afecta profundamente tanto las estructuras económicas como políticas, el mercado como el Estado, y las relaciones entre economía y política: de donde surge la necesidad de hacer frente a tal crisis y superarla mediante una nueva propuesta o proyecto de vinculación orgánica entre sociedad civil y sociedad política, tal como puede resultar de procesos simultáneos de democratización del mercado y democratización del Estado.

Podría también procederse a someter a análisis crítico las propuestas ideológicas tradicionales con que se suele buscar solución a los problemas, y en particular a las elaboraciones neo-liberales, marxistas y nacionalistas, y poner de manifiesto las insuficiencias que contienen y las incoherencias que implican a nivel de los supuestos prácticos que en cada caso es preciso construir para que el modelo que proponen funcione racionalmente. Con tal análisis podría argumentarse la necesidad de nuevas elaboraciones teóricas alternativas que tengan en cuenta las experiencias históricas y los nuevos datos sobre lasa consecuencias ecológicas, sociales, antropológicas y militares que han derivado de las opciones estatistas e industrial-capitalistas que han efectuado nuestras sociedades.

Podrían también rastrearse las tendencias emergentes de la sociedad, tanto a nivel popular como intelectual, que ponen de manifiesto el surgimiento de nuevas formas de organización y asociación en vistas de ampliar los espacios comunitarios y de autonomía, junto a otros muchos signos que denotan una revitalización de la sociedad civil y un cierto distanciamiento de muchos respecto a las formas tradicionales de hacer política.

En fin, sería posible también proceder a una búsqueda a partir de los valores, aspiraciones e ideales que van delineando el perfil de las nuevas utopías sociales, y descubrir como la búsqueda racional y coherente de los medios más apropiados para aproximarse a su realización nos orientan hacia la actividad solidaria y creativa, autónoma, autogestionada y asociativa, a nivel de procesos organizativos propios de la sociedad civil.

Así, por distintos caminos de análisis y de reflexión es posible encontrar fundamentos complementarios para un nuevo sistema de acción transformadora que actúe desde el sector inferior-izquierdo del gráfico posicional. Pero no es posible entrar aquí en ninguno de esos caminos de análisis y reflexión, que pueden adquirir validez solamente si son seguidos con mucho más rigor y profundidad de lo que es posible alcanzar en los límites de un capítulo.

De paso, es conveniente advertir que el proceso intelectual y político por el cual se acceda a una definida ubicación en el sector será muy diverso dependiendo del punto de partida en que se origina el desplazamiento; por distintos caminos, lo importante será llegar efectivamente al sector, y asentarse establemente y con sólidos fundamentos en el mismo. Los resultados serán de todas maneras parcialmente distintos: habrá pluralismo y complementariedad entre posiciones afines, que se podrán dinamizar y enriquecer recíprocamente, en una lógica de diferenciación y composición pluralista que es propia y característica de la sociedad civil, que no se pone las exigencias de homogeneidad, unidad monolítica y disciplina que son tan valoradas según la racionalidad propia de la sociedad política.

Si el origen del desplazamiento es el sector superior izquierdo, es probable que el movimiento ideológico-político a que dé lugar asuma las connotaciones de una especie de socialismo autogestionario, democrático y autonomista. Si el punto de partida está en el sector inferior derecho, el movimiento puede asumir las connotaciones propias de una suerte de liberalismo de izquierda o popular. Si el movimiento proviene de posiciones centristas, puede asumir las connotaciones de un cooperativismo renovado o de un proyecto comunitario con énfasis en los sectores populares, en la descentralización y en las autonomías locales. Aquellos movimientos que se originan desde el comienzo en el propio sector inferior-izquierdo, tenderán a enfatizar las connotaciones autonomistas y alternativas de su proyecto particular.

Cualquiera sea el origen y el movimiento que se siga, habrá entre todos ellos un proceso de convergencia que conlleva una recíproca valoración de los elementos que cada uno rescate de su propia posición inicial y que deberá aportar a la configuración del nuevo sector: a ello se sumará el reconocimiento de los valores y elementos de validez universal que serán aportados por cada uno de los demás componentes que forman parte del sector.

De parte de los sectores socialistas, el proceso implicará una valoración y reconocimiento de la sociedad civil y de su legítima autonomía, de los valores de la libertad individual y de su articulación práctica en un sistema competitivo y eficiente de asignación de recursos, de distribución de ingresos proporcional a los aportes efectuados al beneficio general (con las necesarias correcciones fundadas en la solidaridad y la búsqueda del bien común), de libertad de pensamiento y expresión tanto a nivel ideológico como científico, religioso, artístico, etc.; más en general, una valoración de aquella parte de los contenidos del proyecto democrático-liberal que tienen un valor universal. Deberán descubrir que el propio ideal socialista no puede materializarse sin una efectiva democracia económica y política.

De parte de los sectores liberales, a su vez, el proceso implicará una valoración y reconocimiento de aquellos contenidos de valor universal que han sido aportados por la cultura socialista y de izquierda ; en particular, pensamos por ejemplo en la lucha por la liberación de los sectores populares oprimidos, en los valores de la socialización de la economía, la cultura y la política como contrapeso al individualismo economicista, la primacía del factor trabajo sobre el capital, y en consecuencia la reversión de los procesos de subordinación y explotación del trabajo por el capital. Deberán descubrir, entre otras cosas, que el propio ideal democrático no puede realizarse históricamente mientras la propiedad se encuentre concentrada en pocas manos, y el poder económico se halle monopolizado por sólo algunos segmentos de la sociedad civil.

Los sectores que provengan de posiciones centrales, junto con acentuar su parcial valoración de la libertad individual y de las exigencias de socialización implicadas en todo proyecto de justicia social, podrán aportar aquellos elementos de autogestión y cooperativismo que suelen postular en posiciones sin embargo subordinadas, que podrán ser consistentemente renovados en la medida que se los impregne de un mayor convencimiento respecto de sus exigencias de autonomía y de un más definido contenido popular.

Pero no se trata de hacer en cada caso una combinación híbrida de elementos culturales, teóricos y políticos provenientes de distintas tradiciones, sino de alcanzar –vuelvo a decir, en cada caso- una articulación coherente de elementos asumidos y valorizados en los términos de la propia cultura e historia particular, lo cual implica su reelaboración intelectual autónoma y nueva, en busca de una coherencia y racionalidad superior a las actualmente postuladas por cada uno. Por cierto, ello es una tarea intelectual de largo aliento, que en una exposición como esta no puede sino ser enunciada, e incluso eso de manera bastante elemental y esquemática.

4. Democratización económica y democratización política.

En términos puramente indicativos, y a manera de conclusión, quizás sea útil sugerir para la discusión algunas ideas generales que se presentan como constitutivas de este nuevo espacio teórico-político y de su crecimiento.

Un primer elemento es la necesidad de una enérgica recuperación del tema de la libertad y del valor del individuo. Si la democracia ha experimentado crisis, no ha sido por un exceso de libertades individuales sino por restricciones e insuficiencias de ellas. Naturalmente, el problema de la libertad individual y de la libertad económica no se plantea en los términos en que lo abordó el liberalismo. Hoy la afirmación de las libertades individuales debe hacer frente al problema de la burocracia, de la masificación, de medios de comunicación que actúan de manera avasalladora de la conciencia e incluso a niveles subconscientes, a la explotación del trabajo y a la exclusión de vastos sectores respecto del mercado; el desafío principal consiste en extender las libertades principales hacia sectores sociales que nunca las conocieron, y en desarrollar individuos en que por sobre el espíritu de competencia se erija una conciencia solidaria.

En estrecha vinculación con lo anterior, se presenta la necesidad del desarrollo de una economía popular, basada en los valores de la solidaridad y la cooperación, no articulada en torno al capital sino al trabajo y la creatividad social, tal que permita a los sectores populares superar conjuntamente la alienación, la exclusión y la heteronomía, mediante la progresiva ampliación de los espacios en que los hombres conquistan de nuevo el control perdido sobre los medios y condiciones de vida.

El análisis de las sucesivas transformaciones y crisis del Estado democrático moderno evidencia que un problema de fondo que debe resolverse radica en la conformación no-democrática del mercado, sea en cuanto el predominio del capital ha impedido la universalización de las libertades económicas y políticas y llevado a la masificación de grandes sectores sociales, como en cuanto que el poder público ha ampliado su esfera de acción limitando las potencialidades de la creatividad popular e induciendo comportamientos predominantemente reivindicativos. Condición de un Estado democrático parece ser la conformación democrática del mercado, de modo que un proceso de democratización política debe ir acompañado, y en cierto modo precedido, de un proceso de democratización económica. Las experiencias cooperativas y autogestionarias demuestran que el funcionamiento de un mercado libre no-capitalista es posible, y señalan una dirección de búsqueda.

Otro elemento que se asocia coherentemente a los anteriores mencionados, es la necesidad de estructurar una estrategia alternativa para un desarrollo alternativo. Ello implica incluso pensar el concepto de desarrollo de un modo distinto al tradicional: comprender que el desarrollo no es industrialización y gigantismo sino calidad de vida y dimensiones humanas; disociar el desarrollo de la simple acumulación de capital, y comprenderlo más profundamente como incremento del saber práctico; comprender que los artífices principales del desarrollo no son los industriales y los burócratas, sino los científicos y técnicos, las fuerzas del trabajo y los sectores populares.

Todos los elementos mencionados apuntan en la dirección de afirmar la autonomía de la sociedad civil respecto a la sociedad política. Pero esto no consiste solamente en la definición y promulgación de normas jurídicas y constitucionales que las garanticen; la autonomía de la sociedad civil no es una concesión de la sociedad política o del Estado, no se construye en la política sino en la misma sociedad civil, mediante su propio despliegue autónomo. Se trata, entonces, de transformar la sociedad civil sobre nuevos principios y bases, creando en el seno de la actual raquítica sociedad civil una sociedad civil nueva, abriendo y ensanchando espacios de autonomía económica, política y cultural no sólo para los individuos, sino también para las comunidades y grupos organizados de base e intermedios.

Requisito de la autonomía de la sociedad civil en las condiciones actuales, o lo que es lo mismo, de la existencia y desarrollo de nuevos espacios de iniciativa económica, política y cultural independientes, son la reducción del tamaño del Estado y la contención del poder político. Pero la reducción del tamaño del Estado y de sus funciones no necesariamente debe significar una reducción de la dimensión social de la vida humana. El Estado no es la única instancia de lo que es común a los hombres; por el contrario, dadas sus dimensiones macrosociales presenta peligros de burocratización de las relaciones y hace difícil en tal nivel la participación efectiva de las personas y grupos. Junto con la reducción del Estado y la afirmación de las libertades, será preciso postular y desplegar prácticamente nuevas formas de organización social, de participación y de solidaridad.

Parece claro, en todo caso, que debe irse hacia una superación de la estadolatría (como la llamó A. Gramsci) que ha caracterizado el pensamiento de la mayoría de los intelectuales y dirigentes políticos del siglo XX, y cuya fascinación también nosotros hemos vivido. Las soluciones que se han propuesto desde las primeras décadas del siglo recién pasado para hacer frente a las distintas manifestaciones de la escisión entre sociedad civil y sociedad política han estado, en efecto, dominadas por la tendencia a la absorción de la sociedad civil en la sociedad política, con la consiguiente hipertrofia del Estado y de las burocracias y de la sobrepolitización de las actividades humanas.

La construcción de una nueva sociedad "a escala humana", de una sociedad democrática en lo económico, lo político y lo cultural, parece requerir un proceso inverso, de progresiva reabsorción de la sociedad política en la sociedad civil; un proceso a través del cual los individuos y las organizaciones de base e intermedias reasuman actividades, derechos y decisiones que se han concentrado en el Estado, burocratizado y excesivamente politizado. Tal proceso, sin embargo, no implica una despolitización de las personas y de las asociaciones sino más bien lo que podríamos llamar una "socialización de la política": el término de la concentración del poder y la construcción de nuevas relaciones entre dirigentes y dirigidos, a partir de éstos últimos.

CAPITULO VIII

LA CIVILIZACIÓN DEL AMOR Y LA ECONOMÍA DE SOLIDARIDAD

1. Algunas consideraciones preliminares.

Proponemos en este último capítulo algunas reflexiones de naturaleza muy distinta a las hechas hasta aquí. Se trata de relaciones que hacemos desde un punto de vista específicamente cristiano, cuya validación puede ser hecha sólo desde este contexto. Pueden considerarse, sin embargo, como un complemento útil y necesario a todo lo anteriormente expuesto, dado que la economía popular solidaria surge en gran parte – aunque no exclusivamente- en un marco de cultura y de acción que hace referencia a los principios y valores del cristianismo. En efecto, una parte significativa de las experiencias que integran la economía solidaria en nuestro país -y también en otros países latinoamericanos- surgen a partir de comunidades cristianas y son apoyadas por instituciones y centros patrocinados o que mantienen relaciones significativas con la Iglesia.

Pero este capítulo no tiene el propósito de reivindicar la contribución de ninguna iglesia o institución religiosa al fenómeno que nos interesa, sino aportar a la reflexión que se hace en ellas en torno a estas experiencias a fin de perfeccionar su contribución práctica al proceso organizativo. Desde el momento que una parte significativa de la acción social y de la pastoral de solidaridad en la Iglesia se orienta a la promoción y apoyo de estas formas de economía popular solidaria, el futuro de ésta, sus perspectivas de desarrollo en el corto y en el largo plazo, estarán influidas también y de modo relevante por la profundidad y madurez del compromiso de los cristianos con ella, y con el aporte que continúen haciendo al proceso.

Ahora bien, la relación entre lo económico y lo cristiano no es una relación simple, carente de complicaciones y conflictos. El campo de las actividades económicas y de la estructura económica es un lugar donde se ponen en juego y a prueba los principales valores y principios del cristianismo. La observación y el análisis de la realidad nos muestran que es en la economía donde se manifiestan las formas más evidentes de explotación del hombre, el individualismo más exacerbado, la búsqueda apasionada de la riqueza material, el sometimiento de los hombres a las supuestas leyes objetivas del mercado o de la planificación. Es en la economía donde podemos observar quizás la mayor distancia en el comportamiento práctico y en las formas de pensar y de sentir, respecto a los criterios evangélicos. Podemos afirmar que es en el ámbito de la economía donde encontramos más difundidos el "pecado estructural" y el "ateísmo práctico".

En una reacción espontánea muy explicable, muchos cristianos – especialmente entre los jóvenes y en sectores populares- tienden a considerar sospechosamente la dedicación a los negocios y actividades empresariales. La relación que se tiende a establecer con esas actividades es más bien poniéndose desde afuera y en actitud conflictiva: como denuncia de las injusticias que allí se producen, como ejercicio de una presión moral tendiente a exigir correcciones frente a los modos de operar establecidos, o bien en términos de acción social como esfuerzo por paliar la pobreza y la subordinación de los que sufren injusticias y marginación, a través de actividades asistenciales, promocionales, organizativas, de concientización, etc.; pero la realización de actividades económicas en primera persona, la construcción y administración de empresas, etc., difícilmente se visualiza como un modo de actuación práctica del mensaje cristiano, como una vocación peculiar en la cual los cristianos puedan concretizar valores, principios y compromisos evangélicos.

No sucede así, en cambio, con otros ámbitos de la actividad histórica, donde el compromiso y la dedicación intensa se encuentran ampliamente legitimados y fomentados entre los cristianos; pensemos, por ejemplo, en la política, las ciencias, el arte, la cultura, el deporte, las comunicaciones, etc. Y sin embargo, hacer economía es –podemos decirlo- un mandato de Dios, tanto y quizás más esencial que hacer política, ciencia o arte, porque de las actividades económicas dependen la subsistencia y la vida misma del hombre y de la sociedad, y también su bienestar y desarrollo. Esto es reconocido casi siempre en términos de trabajo, como valor y vocación humana del trabajo; pero el trabajo no puede existir sólo, sino en relación con los demás elementos necesarios para la producción, combinado y organizado en unidades económicas o empresas, y todas ellas formando parte de un complejo sistema económico de producción, distribución y consumo.

Planteado así el problema, el desafío para los cristianos es hacer economía de otro modo, lo que a su vez supone pensar la economía conforme a los criterios y valores del evangelio. La economía es, sin embargo, como la política, el arte o la ciencia, uno de aquellos ámbitos desde donde se reivindica –y al que se le reconoce- la "autonomía de lo temporal". Esto no contradice con la necesidad de una específica obra de evangelización de la economía, como de la política y de la cultura, consistente -en último término- en "llevarlas a la perfección por el amor".

No es el caso de profundizar aquí el tema de las relaciones entre las autonomías temporales y la misión evangelizadora, cuyo tratamiento teológico trasciende nuestra competencia. Nos limitamos a constatar que al pensar en empresas alternativas para un desarrollo alternativo, al postular la necesidad de una economía de solidaridad para un mercado democrático, intentamos contribuir a una nueva ciencia de la economía, que sea capaz de promover, desarrollar y orientar una nueva práctica y un nuevo modo de hacer economía, sobre fundamentos y valores distintos a los actualmente predominantes –esos valores humanos (y cristianos) del trabajo, la solidaridad, la cooperación, la justicia y la libertad-. Una reflexión específica y explícitamente cristiana puede significar un perfeccionamiento de todo ello; y parece conveniente y oportuno un planteamiento más sistemático de la cuestión, tal como se nos hace presente en la actualidad.

2. Magnitud de la tarea e inventario de los materiales disponibles.

Enfrentados a la tarea de construir una nueva "civilización del amor", los cristianos encontramos un escollo que puede parecernos insalvable por la magnitud del desafío que nos pone, en una realidad económica internacional y local constituida estructuralmente sobre principios y fundamentos opuestos a los del amor y la fraternidad, a saber, sobre el individualismo, la competencia y el afán de ganancias materiales o de poder.

El problema es aún más agudo desde el momento que tales prácticas económicas consolidadas se encuentran justificadas y sostenidas por un cuerpo teórico sistemático que se postula y presenta como ciencia, como disciplina formal e institucionalmente establecida, que no sólo reivindica para sí la objetividad y rigurosidad del conocimiento sino que además muestra tener capacidad de predicción y la eficacia práctica.

Completa la visión del desafío que enfrentamos el hecho igualmente sólido de que la crítica más sistemática que se haya efectuado a esa ciencia, y la práctica transformadora que más éxito ha tenido históricamente, constituyen otras tantas experiencias distintas y distantes de nuestros propósitos. En efecto, ellas han conducido a estructurar sistemas económicos e ideológicos tan lejanos a lo que pueda reconocerse como civilización del amor, como lo están las realidades que critican.

Así planteado el problema, se descubre que el proyecto de la civilización del amor involucra una gigantesca tarea intelectual en el campo de la ciencia económica, que exige, por un lado una consistente crítica de las teorías que contradicen tal proyecto, y por otro –lo que es mucho más difícil- una elaboración intelectual alternativa que fundamente y potencie un proceso de reestructuración de la economía para que no obstaculice sino que facilite el establecimiento de relaciones justas, solidarias y fraternas entre los hombres, los grupos sociales y las naciones.

Ahora bien, la tarea intelectual es sólo una parte del quehacer necesario. Por un lado, la elaboración intelectual alternativa capaz de fundamentar y de fundar nuevas estructuras y prácticas económicas no puede resultar de una pura ejercitación intelectual ajena a los procesos históricos concretos; tal procedimiento nos proporcionaría apenas alguna utopía o modelo irrealizable. Por otro lado, la construcción de la civilización del amor no ha de cumplirse sólo en la conciencia o en el intelecto, sino que debe materializarse en relaciones y actividades concretas, y ello supone una acción transformadora muy eficaz de las realidades actuales, tan distintas y distantes del fin perseguido.

Identificadas de este modo las tareas y su magnitud, lo primero es buscar en la realidad los elementos con que pueda ser emprendida. Ello nos remite bastante directamente a las distintas experiencias y realidades que hemos considerado en este libro, y también a las ideas y análisis que en torno a ellas y a sus potencialidades hemos efectuado.

Podemos intentar un inventario preliminar de los "recursos" disponibles, que nos permiten pensar con realismo que el proyecto es factible en nuestro tiempo. Resumiremos nuestros "puntos de partida" en cuatro aspectos:

a) La existencia de una creciente conciencia de la crisis profunda que atraviesan la sociedad y la economía actuales, que ha puesto a muchos ante la necesidad de buscar una alternativa.

b) La existencia de prácticas sociales emergentes que parecen ser portadoras embrionarias de lo que buscamos.

c) Un conjunto de conocimientos teóricos y científicos útiles, resultantes del trabajo intelectual al interior de la propia disciplina económica.

d) Un conjunto de enseñanzas y elaboraciones doctrinarias conservadas y acumuladas en la Iglesia, que precisan la dirección de la búsqueda necesaria. Y junto a ello, innumerables experiencias y prácticas organizadas de acción social y pastoral de servicio y solidaridad, que la Iglesia ha desarrollado siempre como testimonio vivo del mensaje cristiano.

Muy brevemente por las limitaciones de espacio, podemos dejar anotados algunos principales contenidos de cada uno de estos elementos.

Sobre la crisis, su profundidad y amplitud, se ha hablado tanto que el mismo término "crisis" tiende a esfumar su contenido. Pero la crisis está presente, agudizándose de manea perceptible, adquiriendo las dimensiones de una crisis "orgánica", global, que afecta las distintas dimensiones económica, social, política, cultural de la vida social, y la articulación entre ellas. En un capítulo anterior caracterizamos genéricamente esta crisis como un conjunto de procesos de deterioro tendencial de los equilibrios establecidos, que al mismo tiempo que se traducen en progresivos empeoramientos de la calidad de la vida y en una creciente desarticulación de las relaciones que integran los sistemas, crean la posibilidad de algún tipo de alternativa. A partir de la percepción que se difunde sobre esta crisis, dejamos anotadas sus manifestaciones y contenidos en varios planos:

a) Como deterioro tendencial de los equilibrios psicológicos a nivel de las personas, fenómeno que se expresa en un incremento de las neurosis, las psicopatías, las anomias y falta de sentido.

b) Como deterioro tendencial de los equilibrios sociales a nivel de los estados nacionales, que se expresa en el incremento de las pugnas corporativas, en la expansión del terrorismo, de la tortura, en la agudización de los conflictos socio-económicos, en la marginalización, en la creciente ingobernabilidad, etc.

c) Como deterioro tendencial de los equilibrios internacionales y planetarios, que se expresa en el armamentismo, el peligro nuclear, la pérdida de capacidad de acción de los organismos internacionales, la agudización de los conflictos económicos entre las naciones y entre las grandes corporaciones transnacionales, etc.

d) Como deterioro tendencial de los equilibrios ecológicos, que se manifiesta en la contaminación de los ríos y aguas, la extinción de especies vegetales y animales, la lluvia ácida, la deforestación, la erosión, la polución, etc.

Estos distintos planos de la crisis se sobreponen y refuerzan recíprocamente, creando una sensación de crisis generalizada. La conciencia colectiva que se desarrolla respecto de ella conduce a cada vez más amplios sectores a identificarla como resultado de un cierto tipo de desarrollo unilateral en lo económico y en lo político; a percibirla como crisis de un cierto tipo de civilización fundada en el individualismo, la acumulación de riquezas y de poder, en la gran industria y en el desmesurado crecimiento del Estado.

Es a partir de este diagnóstico de la crisis –asumido en distintos grados de explicitación y coherencia- que emergen por doquier una constelación de movimientos alternativos que aspiran y buscan activamente formas radicalmente distintas de vida. Entre tales heterogéneas búsquedas de lo alternativo podemos mencionar: los movimientos autogestionarios, diversas expresiones libertarias y creativas en el campo de la salud mental y física, desarrollo de tecnologías alternativas y apropiadas, organizaciones feministas, variadas expresiones de rebeldía, organización y creatividad juvenil, procesos de educación popular y "concientización", los movimientos ecologistas y pacifistas, diferentes experiencias de renovación y búsquedas religiosas y espirituales, movimientos de renovación política, sindical cultural, etc., que buscan articular respuestas nuevas para los viejos problemas, etc.

A los sujetos y fuerzas que reaccionan al tomar conciencia de la crisis se agregan –como otro elemento en condiciones de contribuir a la tarea- aquellos grupos y organizaciones que en sus actividades y búsqueda representan una cierta anticipación germinal de lo nuevo, que de algún modo lo hacen ya presente en la realidad. Tarea intelectual relevante será entonces la de detectar las experiencias nuevas que puedan ser portadoras de la alternativa necesaria, y que contengan con fuerza expansiva aquellos valores solidarios, integradores, comunitarios y libertarios propios de la civilización del amor en proyecto.

Por lógica, esperaremos encontrarlos emergiendo desde la base social, especialmente en los sectores populares más pobres y marginados. Porque es más probable que surjan desde los sectores menos integrados con las estructuras dominantes, que tengan menos intereses comprometidos en la economía oficial, y que por sufrir más intensamente los efectos de la crisis están también más dispuestos a reaccionarle en profundidad.

Formas alternativas de empresas, organizaciones económicas populares, modalidades cooperativas y solidarias de hacer frente a los problemas y necesidades económicas, unidades autogestionarias, surgen y se desarrollan, de hecho, desde los sectores populares y marginales de las ciudades y del campo. En general, todas aquellas experiencias de economía popular, a través de las cuales se busca recuperar el control sobre las propias condiciones de vida, aunando esfuerzos y recursos, desplegando en la práctica una racionalidad económica distinta fundada en los valores de la comunidad, la ayuda mutua y la solidaridad.

Es lo que hemos denominado "economía de solidaridad", cuya investigación analítica y elaboración teórica es el inicio y fundamento de nuevos desarrollos de la ciencia económica, que sirvan también para el potenciamiento práctico de las experiencias mismas.

Las ciencias económicas y sociales constituidas, no obstante las limitaciones que derivan de su vinculación orgánica a la civilización industrial y estatal en crisis, no dejan de aportar muy valiosos elementos cognoscitivos que pueden ser utilizados en la perspectiva de la economía solidaria y del desarrollo alternativo. En particular respecto a la economía teórica, lo que más sorprende es cómo, estando construida sobre fundamentos epistemológicos, antropológicos y éticos tan insuficientes, haya sin embargo elaborado tantos elementos de conocimiento y de proyectación útiles y aprovechables.

Todos estos elementos verdaderos y útiles contenidos en las disciplinas económico-sociales convencionales pueden ser rescatados, recuperados para una nueva elaboración científica superior, en la medida que sean liberados de las incrustaciones positivistas y materialistas que contengan y de las concepciones ideológicas interesadas que las rodean. Es lo que hicimos, por ejemplo, en los conceptos de mercado y desarrollo, y con el modelo de competencia perfecta.

Hay todo un saber acumulado por la humanidad que no ha dejado de enriquecerse durante la época moderna, en el cual es posible y necesario apoyar las nuevas elaboraciones y propuestas de transformación. Pues por más aguda y consistente que sea nuestra crítica, no puede llegar a ser descalificadora del esfuerzo gigantesco de indagación y análisis que han hecho generaciones de científicos y técnicos, cuyos resultados constituyen un patrimonio cultural inapreciable. Desecharlos sería una presunción inadmisible.

La elaboración intelectual necesaria para un cambio de civilización debe alcanzar autonomía respecto de la cultura y de la ciencia constituida; pero el logro de dicha autonomía no se verifica ni completa con la crítica, sino después que hayamos sido capaces de elevarnos hasta el vértice más avanzado del conocimiento y de la cultura que se quiere superar. Se es autónomo cuando la propia elaboración de la conciencia (individual y colectiva) alcanza un punto de vista nuevo y superior, no subordinable, desde el cual sea posible en cambio asimilar e integrar en posición subordinada todo desarrollo positivo, cualquiera sea su procedencia.

El cuarto de los "recursos" posibles de ser activados en la perspectiva del proyecto de la civilización del amor lo encontramos en la Iglesia misma. Sabemos que el mensaje cristiano tiene un contenido social intrínseco, con indudables implicaciones culturales, políticas y económicas. La exposición de este contenido a lo largo de los siglos ha ido madurando en una concepción de la economía como una actividad que debe estar ordenada al desarrollo de la persona en su relación comunitaria con los demás, y al mejoramiento de la sociedad en el respeto y promoción de la libertad personal. En tal marco se ha de buscar el establecimiento de las relaciones de justicia y solidaridad, valores que deben encarnarse especialmente en las distintas manifestaciones del trabajo humano como centro constituyente de la vida económica.

Traducido y aplicado a nuestro tiempo en la presente enseñanza social de la Iglesia, este mensaje contiene una potencialidad renovadora y transformadora de las estructuras económicas, que nos lleva a reconocer en ella una guía que orienta y señala la dirección de la búsqueda necesaria.

La Iglesia no se ha limitado a comunicar esta enseñanza social, sino que también se ha preocupado de testimoniar su preocupación por los pobres, los marginados, los enfermos y los oprimidos, a través del desarrollo de una amplia acción social. Esta se ha traducido en líneas de acción asistencial y promocional, dando lugar a la formación de instituciones y organizaciones en las que se combinan las acciones de servicio con los esfuerzos que los propios beneficiarios hacen por su recuperación y liberación, en un ejercicio concreto de la solidaridad. La inmensa experiencia acumulada en este terreno es de gran valor en la perspectiva de esta reflexión, y debemos considerarla junto a todos los elementos mencionados anteriormente como una de las fuerzas reales, orientadas y que pueden ser potenciadas en el proceso de construcción de una civilización del amor.

3. La contribución específicamente cristiana.

Al considerar en el parágrafo anterior lo pensado, enseñado y realizado por la Iglesia en el ámbito de los problemas económicos y sociales, nos hemos limitado a reconocer elementos que están en la realidad junto a otros –los tres "recursos" mencionados anteriormente-, y que podemos considerar formando parte del inventario de sujetos y fuerzas operantes que pueden ser potenciados en la perspectiva de construir una nueva civilización fundada en el trabajo y la solidaridad. Estamos aún en el ámbito de las reflexiones de tipo sociológico o histórico, sin entrar todavía al ámbito de la fe, del que esperamos un "algo más" que signifique aquél perfeccionamiento de lo humano y de lo histórico que mencionamos anteriormente. Es lo que intentaremos identificar ahora.

La condición humana en relación con los procesos de transformación histórica es siempre ambivalente, en el sentido que oscilamos entre el entusiasmo y la desazón, entre el optimismo y el pesimismo. En efecto, los hombres solemos pensar en grandes proyectos y en perfeccionados modelos sociales, pero evaluamos nuestras precarias capacidades para realizarlos y las dificultades inmensas que se interponen entre la realidad presente y el ideal perseguido. Como consecuencia de ello reducimos nuestras expectativas y nos negamos a pensar en objetivos muy perfectos que consideramos utópicos, esforzándonos por elaborar proyectos que nos parezcan viables y posibles; al mismo tiempo, reducimos también la tensión ética de nuestro actuar, y buscamos formas de actuación y de lucha que nos parezcan eficaces, aunque no sean perfectamente consecuentes con los ideales perseguidos. En otras palabras, buscamos acomodar tanto nuestro pensamiento como nuestra acción, a las que consideramos condiciones y posibilidades objetivas. No siempre alcanzamos un punto de equilibrio satisfactorio, y oscilamos en posiciones y opciones que contienen mayores o menores dosis de idealismo o pragmatismo. En tales condiciones, una gran mayoría de las personas teme que no valga la pena sacrificarse demasiado, esforzarse o dar la vida por algo de resultado tan incierto y de motivación tan insuficiente. Otros, como Prometeo, resisten y recomienzan después de cada tropiezo, con un esfuerzo voluntarista impresionante que se sostiene siempre a costa de sacrificar algo de lucidez.

Los cristianos no somos ajenos a esta condición humana; al contrario, nuestra fe nos hace vivirla aún en términos más radicales. En efecto, el evangelio nos pone en una situación paradójica especial. Por un lado nos plantea los ideales, objetivos y proyectos más grandiosos, tales que desde un punto de vista puramente humano no vacilaríamos en calificar como "utópicos" e irrealizables. Tal es el caso, en particular, de nuestra civilización del amor y del trabajo. Por otro lado, somos precisamente los cristianos los más conscientes de las limitaciones intrínsecas del hombre, porque conocemos el pecado que nos coarta la libertad, la solidaridad, la creatividad y el esfuerzo de trabajar. Como sabemos esto, no mitificamos nunca las experiencias sino que las miramos con ojos particularmente críticos y vigilantes (pero por la misma razón debemos valorar como un don precioso que cultivar, hasta las más pequeñas expresiones de la solidaridad, la libertad, la creatividad y el trabajo humanos). La situación se nos complica ulteriormente porque nuestra fe nos exige plena consecuencia con lo que pensamos y rigurosa fidelidad con los modos de actuar exigidos por el evangelio; en otras palabras, se nos acentúa y exacerba el problema de la desproporción entre los fines y los medios, y no se nos consiente el acomodamiento en algún término medio humanamente satisfactorio.

El tema da para reflexiones y análisis en varios planos, desde el específicamente teológico del significado del reino de Dios y su relación con la historia humana y con la Iglesia, hasta el de la inserción concreta de los cristianos en determinados movimientos sociales y políticos. No es del caso profundizar aquí tales análisis, abundantemente examinados en la literatura religiosa, en la teología y en los documentos magisteriales de la Iglesia. Nos interesa en cambio precisar la contribución específica que podemos hacer los cristianos al proceso de desarrollo y transformación que hemos enfocado en los capítulos anteriores, tanto a nivel de las unidades de base o microsociales como de los procesos globales que involucran a la sociedad en general. Podemos resumir este aporte en los siguientes puntos:

a) Un enfoque permanentemente crítico y desmitificador. El cristiano no es ingenuo; no cree que hayan existido, ni que existan en algún lugar de la tierra, ni que existirán en el futuro histórico, sociedades perfectas, como resultado de la pura acción de los hombres. Las creencias en sociedades perfectas, en superhombres, en actores sociales que salvan (sean líderes carismáticos, clases sociales o Estados), en actividades humanas que aseguran la felicidad futura (sea la economía, la política, la tecnología o la cultura), en estructuras y sistemas sociales definitivos, en organizaciones (por pequeñas que sean) donde se cumplan todas las aspiraciones del hombre, son consideradas creencias míticas, esperanzas falsas, ideologías ilusorias. Pero atención; ello no es el resultado de un pesimismo histórico sino en cierto modo de lo contrario: creemos que el hombre y la sociedad estamos llamados a un destino superior a todo lo que podemos inventar, que es la realización del designio que para nosotros tiene y nos ha preparado el que nos creó. Ante todos aquellos proyectos y expectativas humanas, los cristianos no decimos que sea mucho sino que son demasiado poco. Por eso los criticamos y desmitificamos, esforzándonos por evitar que pongamos nuestras esperanzas y nuestro corazón en algo que, aún si lo realizáramos, nos dejaría insatisfechos.

Nuestra conciencia del mal y del pecado que nos afecta viene a reforzar nuestro enfoque crítico y desmitificador. Esta conciencia no es una afirmación que los cristianos consideramos como primaria, sino secundaria y derivada de la anterior sobre el bien superior al que estamos llamados. Somos conscientes del pecado porque nos medimos con el proyecto que Dios tiene para nosotros, que es la comunión en el amor y en la verdad. A partir de allí descubrimos nuestros límites e insuficiencias; las relevamos en nosotros mismos y las vemos reaparecer también en nuestras obras en el resultado de nuestra acción. Ello nos da un motivo adicional que refuerza nuestra actitud permanentemente crítica y desmitificadora, pues no podemos dejar de percibir y de asumir lo que nos falta. Nuestra crítica se traduce en una actitud exigente y autoexigente. No podemos estar plenamente conforme con lo que hacemos y proyectamos; alguna distancia debemos tomar siempre tanto de nuestros proyectos como de nuestras realizaciones.

b) Un compromiso a fondo con lo real, con el hombre y la comunidad. La distancia crítica que los cristianos tomamos respecto a nuestros proyectos y realizaciones no lleva a evadirnos en el más allá ni a desvalorizar la realidad humana y social. Por el contrario, la actitud permanentemente crítica y desmitificadora consiste precisamente en impedirnos toda evasión de nuestra real y efectiva condición humana; implica asumirnos en lo que somos:

seres abiertos a la trascendencia y simultáneamente limitados en nuestras posibilidades. No podemos negar nuestra apertura y aspiración a un mundo nuevo y perfecto, ni nuestras limitaciones y resistencias al cambio. Asumiendo ambas dimensiones, sabemos que todo se juega en la vida concreta de los hombres y en la historia real de la sociedad; cualquiera sea el designio de Dios para su creación, se trata de un designio para ésta, o sea, para el mundo, el hombre y la sociedad. Dios se hizo hombre para salvar al hombre, entró en nuestra comunidad y en la historia para proyectarlas, se relacionó con la naturaleza como una parte de ella para perfeccionarla; no para que dejáramos de ser lo que somos: hombres, sociedades, naturaleza.

A diferencia de todas las demás religiones, nuestra fe nos lleva a un compromiso radical con lo concreto: la vida particular de cada hombre, y cada acontecimiento de la comunidad, interesan y comprometen la realización del proyecto cristiano. Nunca nadie le ha dado tanto peso a los hechos humanos, ni ha considerado con tanta seriedad la historia de la sociedad, como quienes creemos que en todo lo nuestro transitorio y coyuntural está presente una dimensión divina, definitiva y eterna, la cual no es independiente sino que se encuentra de algún modo misterioso condicionada por nuestras decisiones y acciones.

Esto hace del cristiano un hombre especialmente comprometido, atento a todo lo positivo que puede encontrarse en la vida, en el trabajo, en la comunidad, para liberarlo y llevarlo aún más allá; y vigilante de todo lo negativo que oprima y rebaje al hombre y a la sociedad, para superarlo. Comprometidos en lo económico, en lo político, en lo cultural, nada nos es extraño. Estar comprometido con algo significa amarlo profundamente. En el compromiso se expresa, pues, la virtud (la fuerza) del amor, centro y fundamento del mensaje económico.

c) Una actitud de esperanza. Los cristianos tenemos la esperanza, esto es, la certeza de que se realizará el designio de Dios para los hombres, la sociedad y la creación entera. En otras palabras, creemos que nos espera realmente un reino de paz, justicia y amor, el cual se realizará infaltablemente porque nos ha sido prometido como un don, obra del mismo Dios y no nuestra. Este regalo que Dios nos ha prometido a los hombres es, en definitiva, la realización trascendente de aquellos ideales de perfección que los cristianos no dejamos de afirmar no obstante la conciencia que tenemos de nuestras limitaciones y pecado; porque tenemos esta esperanza criticamos y no aceptamos como suficientes los proyectos utópicos que podamos forjarnos los hombres. Realización trascendente, o sea, que no se cumplirá plenamente en esta vida e historia; pero que no es tampoco un puro "más allá": el regalo de Dios, su reino, comenzó con Jesucristo y está presente en nuestra vida e historia humana. La comunión en el amor y en la verdad no es plena en esta vida, pero es aquí real y se manifiesta en nuestras comunidades cada vez que compartimos solidariamente y en la verdad; en efecto, Jesús nos prometió estar con nosotros cada vez que así sucede. La civilización del trabajo y del amor puede ser entendida como la expansión en la sociedad de esto que ya sucede en las comunidades.

Aunque pensamos que esto no llegará a ser nunca pleno y completo en la historia por la realidad del pecado, sabemos que son posibles y viables numerosas anticipaciones del Reino, a saber, realizaciones parciales pero efectivas de relaciones humanas solidarias y generosas: el amor, la verdad, la belleza, la unión, el bienestar, la alegría, como resultado de nuestras búsquedas y esfuerzos a través de los cuales Dios mismo se nos da gratuitamente. La esperanza cristiana nos pone en una actitud constructiva y creativa, que busca siempre lo nuevo y está abierta a los cambios; que no teme al futuro por la sencilla razón de que cree que en la historia está presente una fuerza vital y amorosa que nos atrae y nos llama. Pocas razones para confiar en el futuro, en lo nuevo y en los cambios, tendríamos si creyésemos que la historia es el fruto exclusivo del operar de las fuerzas inmanentes (y entrópicas) que conocemos.

Nuestra esperanza no se confunde con un optimismo fácil en que el éxito histórico coronará inevitablemente nuestros esfuerzos. Por el contrario, nuestra esperanza se mantiene aún en medio de la experiencia del fracaso y de la cruz, que son necesarias también en la economía del Reino, para que no nos detengamos en ninguna estación intermedia. Como escribe San Pablo: "Sabemos que en todas las cosas interviene Dios para bien de los que le aman; de aquellos que han sido llamados según su designio. (...) ¿Quién nos separará del amor de Cristo? ¿La tribulación?, ¿la angustia?, ¿la persecución?, ¿el hambre?, ¿la desnudez?, ¿los peligros?, ¿la espada? (...) Pero en todo esto salimos vencedores gracias a aquél que nos amó. Pues estoy seguro que ni la muerte ni la vida ni los ángeles ni los principados ni lo presente ni lo futuro ni las potestades ni la altura ni la profundidad ni otra criatura alguna podrá separarnos del amor de Dios manifestado en Cristo Jesús" (Rom. 8, 28, 35-39).

d) La fuerza específica de la fe. La fe no es la recitación convencida de un credo, sino la presencia activa y operante de Cristo en la historia por intermedio nuestro. La fe es fuerza eficiente; por eso la fe sin obras nada vale y no es verdadera. Esta relación estricta que el cristianismo establece entre fe y obras tiene dos sentidos, que ponen de manifiesto simultáneamente como la fe es presencia activa de Dios en nuestra vida. Por el primer sentido se nos hace ver que la fe sin obras es vacía:

"¿De qué sirve, hermanos míos, que alguien diga: "Tengo fe", si no tiene obras? ¿Acaso podrá salvarle la fe? Si un hermano o una hermana están desnudos y carecen del sustento diario, y alguno de vosotros les dice: "Idos en paz, calentáos y hartáos", pero no les dais lo necesario para el cuerpo, ¿de qué sirve? Así también la fe, si no tiene obras, está realmente muerta. Y al contrario, alguno podrá decir: "Tú tienes fe? Pues yo tengo obras. Pruébame tu fe sin obras y yo te probaré por las obras mi fe". ¿Tú crees que hay un sólo Dios? Haces bien. También los demonios lo creen y tiemblan. ¿Quieres saber tú, insensato, que la fe sin obras es estéril? Abraham nuestro padre ¿no alcanzó la justificación por las obras cuando ofreció a su hijo Isaac sobre el Altar? ¿Ves como la fe cooperaba con sus obras y, por las obras, la fe alcanzó su perfección?")Santiago, 2, 14-22).

Por el segundo sentido se nos hace ver que "la fe mueve

montañas". "Yo os aseguro: el que crea en mí, hará él también las obras que yo hago, y hará mayores aún, porque yo voy al Padre. Y todo lo que pidáis en mi nombre, yo lo haré, para que el Padre sea glorificado en el Hijo. Si me pedís algo en mi nombre, yo lo haré". (Es palabra de Dios, Juan 14, 12-14). Hay muchos textos al respecto: pero este es suficiente, pues nos da el sentido justo que completa el significado de la fe como fuerza específica que los cristianos debemos "hacer pesar" en nuestra acción histórica concreta, junto a las virtudes (fuerzas) del amor y de la esperanza. Nos induce además, muy adecuadamente, a nuestra siguiente reflexión en la que intentaremos aterrizar lo expuesto hasta aquí al terreno concreto de la acción social en la perspectiva de la economía de solidaridad.

4. Sobre la acción de la Iglesia y la pastoral de solidaridad.

Ya destacamos la contribución de los cristianos y de la Iglesia al surgimiento de muchas experiencias que integran la economía popular solidaria, la autogestión y el cooperativismo en nuestro país y también en los otros países latinoamericanos la acción molecular de las comunidades cristianas de donde surgen iniciativas organizativas y de ayuda fraterna, y la acción más institucionalizada de numerosos centros e instancias de acción social o de pastoral de solidaridad, constituyen elementos significativos del proceso de gestación, formación y desarrollo de la economía alternativa que hemos analizado. Me asiste, sin embargo, el convencimiento de que lo hecho hasta ahora es sólo un comienzo, que incluso se manifiesta en muchas ocasiones como ambiguo y vacilante. Sorprende a veces la falta de conciencia en lo que se hace, inseguridad que a menudo lleva a recaer en las viejas prácticas asistencialistas que generan dependencias, y que otras veces termina en una orientación "reivindicacionista" en términos tales que se espera la solución "definitiva" de los problemas en base a alguno de los modelos económicos predominantes (sea la economía privada capitalista o el Estado benefactor).

En los análisis que hemos hecho en los capítulos anteriores, en torno a la racionalidad económica y a la eficiencia propia de estas formas económicas solidarias, a sus capacidades de autonomía y expansión, a su posible inserción en procesos globales de transformación social, política y económica, y a sus potencialidades de participar en una perspectiva de desarrollo alternativo, es posible encontrar fundamentos y razones para una recuperación de la confianza en lo que se hace, y para su valoración y el reconocimiento de su importancia en el contexto de la profunda crisis que experimentan la sociedad contemporánea y las formas tradicionales en que se ha planteado la acción transformadora.

Pero a todo ello queremos agregar aquí algunas reflexiones que nacen de la consideración interna de la acción social de la Iglesia (o pastoral de solidaridad como a veces se prefiere denominarla), cuyas motivaciones profundas provienen no sólo de la dinámica social e histórica sino también de nuestros propios presupuestos cristianos.

La acción social de la Iglesia se inspira en el ejemplo y en las enseñanzas de Jesús, que nos proporciona orientaciones muy claras sobre el modo en que debemos actuar ante las carencias y estados de necesidad en que se encuentran las personas. Consideremos en primer lugar las prácticas; en efecto, ante las carencias y necesidades humanas Jesús no permanece indiferente, sino que actúa: sana a los enfermos, multiplica los panes y los peces, expulsa a los demonios. El teólogo Sergio Silva G. ss.cc, escribe: "Puede se útil observar la forma como Jesús hace sus ´milagros´, que podemos considerar como su forma de acción social. (...) Los milagros de Jesús manifiestan también otra serie de aspectos que nuestra acción social puede tratar de asimilar o imitar. Sin entrar en el detalle de cada curación, podemos ver que todas ellas hacen que las personas beneficiadas pasen de un estado en que su vida carece de algo importante (salud, capacidad de decisión personal, alimento) a un estado en que esa carencia se supera. Dicho en forma muy simple, los milagros de Jesús son humanizadores. Por otra parte vemos que esa humanización no la da Jesús de manera paternalista, sino que habitualmente incorpora la acción del propio beneficiario. De partida, son los enfermos y necesitados (o sus parientes y amigos) los que acuden a Jesús para pedir favores muy precisos: la acción de Jesús es respuesta a esta petición. Dicho de otra manera, el diagnóstico no lo hace Jesús sino la gente. Pero la acción de los beneficiados no termina aquí, sino que se extiende también al beneficio mismo. Esto se ve claramente en la multiplicación de los panes y de los peces, hecha a partir de lo que un muchacho pone a disposición de Jesús, y en muchas curaciones, en las que Jesús subraya: "Tu fe te ha salvado". En otras palabras, Jesús incorpora al beneficiario en su "'acción social' (...) Si entramos ahora en el detalle de las curaciones milagrosas de Jesús, podremos explicitar mejor su finalidad humanizadora, que va mucho más allá de un mero devolver la salud (en las curaciones) o la capacidad de decisión personal (en la expulsión de los demonios) (...) Vemos que la humanización que Jesús busca con sus milagros es el paso a la plena comunicación y al servicio mutuo, el salir de la marginalidad social y de lo que lleva a la muerte al individuo, el restablecimiento de la plena dignidad del hombre, imagen de Dios y dueño de sí. Es decir, es la búsqueda del pleno desarrollo del hombre en su doble dimensión espiritual y material" (19).

Siguiendo esta misma línea de meditación podemos agregar algunas otras características de la acción social. La multiplicación de los panes y los peces merece una consideración especial desde este punto de vista. En los evangelios encontramos seis versiones de la multiplicación de los panes, pues Mateo y Marcos narran una primera y una segunda multiplicación.

En Juan leemos que Jesús pregunta a Felipe: "¿Cómo vamos a comprar pan para que coman éstos? (...) Felipe le contestó "Doscientos denarios de pan no bastan para que cada uno tome un poco". Le dice a uno de los discípulos, Andrés, el hermano de Simón Pedro: "Aquí hay un muchacho que tiene cinco panes de cebada y dos peces; pero ¿qué es esto para tantos?" (Juan 6, 5-9) Vemos aquí que se hace un análisis de la situación: se identifica el problema, se analizan los costos de una situación convencional y se concluye que esa solución no es viable; se hace un recuento de los recursos disponibles que están en manos de los propios necesitados.

En Marcos la elaboración del diagnóstico sigue un curso un poco distinto: "Se le acercaron los discípulos y le dijeron: el lugar está deshabitado y ya es hora avanzada. Despídelos para que vayan a las aldeas y pueblos del contorno a comprarse de comer". Ellos le dicen: "¿Vamos nosotros a comprar doscientos denarios de pan para darles de comer?". El les preguntó: "¿Cuántos panes tenéis? Id a ver". Después de haberse cerciorado le dicen: "Cinco, y dos peces" (Mc. 6, 35-38). Vemos que los discípulos no querían hacerse cargo del problema, y Jesús les hace ver que eso no está bien, que deben asumir y resolver la carencia de alimentos de la gente. La identificación de los recursos disponibles fue el resultado de toda una búsqueda o investigación que el mismo Jesús les encarga.

Mateo nos da otro dato, y es que la primera alternativa propuesta por los apóstoles, de hacer que la gente se fuera a los pueblos no era viable por ser inhumana: hacía tres días que no comían, y Jesús teme "que desfallezcan en el camino". En Marcos se precisa aún: "Si los despido en ayunas a sus casas, desfallecerán en el camino, y algunos de ellos han venido de lejos".

Tampoco faltaron los desanimados y derrotistas: "Sus discípulos le respondieron: ¿Cómo podrá alguien saciar de pan a éstos aquí en el desierto?" (Mc. 8, 4). "Cómo hacernos en el desierto con pan suficiente para saciar a una multitud tan grande" (Mt. 15, 33); esta última es la opinión de quienes pensaban que el problema social que enfrentaba era tan grande que no valía la pena siquiera intentar hacer algo; si no podemos solucionar el problema para todos sino sólo a unos pocos ¿para qué hacer el esfuerzo? Son muchos los que piensan así también hoy.

Por Lucas conocemos otra opinión, que también fue descartada: "A no ser que vayamos nosotros a comprar alimentos para toda esta gente". Esto es descartado ¿porque no era viable, o porque Jesús no considera como verdadera alternativa una solución paternalista y de asistencialismo convencional?

Examinemos ahora la solución que Jesús da al problema.

Encontramos aquí varios elementos de gran interés en función de nuestra acción social. El primero de ellos es que se utilizan los panes y peces disponibles; esto es, los recursos que estaban en manos de los mismos beneficiarios. Esos recursos son ofrecidos voluntariamente por quienes los tenían, que estaban abiertos a compartirlos. Mirado desde otro punto de vista, podemos ver que las personas necesitadas recibieron gratuitamente una donación de recursos (muchos panes y peces) que se sumaron a los recursos que ellos mismos habían juntado y puesto en común previamente.

Un segundo elemento, claramente destacado por los evangelistas, es el proceso de organización que antecede a la multiplicación de los panes y los peces. "Entonces les mandó que se acomodaran todos por grupos sobre la verde hierba. Y se acomodaron por grupos de a cien y de cincuenta" (Mc. 6, 39-40). Forman grupos no demasiado numerosos. Si eran cinco mil personas, como señalan los textos, han debido formar cien grupos de a cincuenta. No fue un proceso simple, debe haber ocupado algún tiempo. Si en el texto citado la idea de grupos de a cincuenta o cien surge de la propia gente, en Lucas la indicación es hecha por el mismo Jesús: "El dijo a sus discípulos: Haced que se acomoden por grupos de unos cincuenta. Lo hicieron así, e hicieron acomodarse a todos" (Lc. 9, 14-15). Cualquiera haya sido el origen de la idea, lo cierto es que resulta no sólo muy adecuada y eficiente, sino además favorable a la convivencia y al compartir comunitario. Una solución no organizativa, quizás incluso más rápida pero menos participativa y comunitaria hubiera sido la tan espontánea de "formar filas", para que cada uno fuera pasando por el lugar de repartición. El proceso organizativo requiere más trabajo, pero es sin duda más satisfactorio. La enseñanza que se quiere transmitir es clara.

Un tercer elemento, estrechamente vinculado al anterior, está en el trabajo que los discípulos incorporan a la solución del problema. "Partiendo los panes se los dio a los discípulos y los discípulos a la gente" (Mt. 14, 19). "Los partió e iba dándolos a los discípulos para que los sirvieran, y ellos los sirvieron a la gente" (Mc. 8, 6). No está del todo clara la modalidad del milagro. Por un lado, todos los evangelistas señalan la participación activa de los discípulos; lo hacen explícitamente. No parece ser que Jesús haya multiplicado los panes en un sólo lugar, todos juntos, pues hubiera sido tan notable que al menos uno de los evangelistas lo hubiera así consignado. Parece más bien que al partir un pan se hacían dos; y dada la cantidad, parece también que el trabajo de partir los panes lo realizaban también los discípulos. Cualquiera sea el caso, la multiplicación de panes y peces no fue el resultado de pronunciar unas palabras o alguna fórmula prodigiosa, sino el acto concreto y práctico de partir esos alimentos, o sea, de prepararlos para su utilización y consumo.

El cuarto elemento, vinculado a los dos anteriores, es el hecho mismo de la multiplicación de los recursos disponibles. Los recursos eran escasos, pero se verifica un proceso multiplicador. Como en las ollas comunes, comedores populares, y otras organizaciones económicas populares, los recursos iniciales son escasos, absolutamente insuficientes para satisfacer las necesidades de todos los participantes; pero la organización y el trabajo realizado compartidamente implican un proceso multiplicador, tal que los recursos se reproducen de manera ampliada. El efecto "multiplicador" de las donaciones es perseguido por todas las instituciones donantes interesadas en el desarrollo. En la acción social, el efecto multiplicador es el resultado de la organización y del trabajo compartido, junto al "factor comunidad" que demuestra tener también efectos productivos reales.

El quinto elemento que destaca en esta "acción social" de Jesús es la eficacia y eficiencia de la obra, que lleva a la efectiva satisfacción de las necesidades humanas que la motivaron. "Comieron todos y se saciaron, y recogieron de los trozos sobrantes doce canastos llenos" (Mt. 14, 20). "Comieron todos hasta saciarse. Se recogieron los trozos que les habían sobrado: doce canastos", reitera Lucas. Como vemos, no se demuestra el menor temor a la satisfacción plena de la necesidad, e incluso a la acumulación de los excedentes para satisfacer necesidades más adelante. En otras palabras, fue buscada la abundancia y no la sobriedad. En efecto, Jesús pudo haber multiplicado panes justo lo suficiente para evitar que desfallecieran, o sólo lo necesario para que todos comieran normalmente. En cambio todos los evangelistas señalan que comieron "hasta saciarse" y que hubo excedentes sobrantes. Pero nada se perdió; lo que sobró fue cuidadosamente recogido; y no por cicatería de las gentes sino por mandato expreso de Jesús: "Cuando se saciaron, dice a sus discípulos: "Recoged los trozos sobrantes para que nada se pierda" (Juan 6, 12). Es una actitud de respeto y cuidado de los recursos y bienes materiales, que no han de ser despilfarrados ni siquiera cuando se abunda en ellos, pues siempre hay quienes tienen necesidad y porque las necesidades humanas son recurrentes.

El sexto elemento que destaca en esta acción social de Jesús es la explícita referencia a la fe, hecha al comienzo por El mismo que, con los panes y peces en sus manos "levantando los ojos al cielo, pronunció la bendición" (Mt. 14, 19). Referencia al creador, acción de gracias y bendición. Por otra parte, el proceso mismo suscita la fe en el pueblo: "Al ver la gente la señal que había realizado, decía: "Este es verdaderamente el profeta que iba a venir al mundo" (Jn. 6, 14).

Así el evangelista Juan pone de manifiesto como el encuentro de la gente con la acción social de Jesús despierta la adhesión al redentor. Es lo mismo que señala Jesús en otras ocasiones: la gente reconocerá que son sus discípulos al ver como se aman.

Sin embargo, y este es el séptimo elemento de esta acción social, Jesús no entiende la satisfacción de las necesidades ni la obra realizada como un medio o instrumento para atraer las gentes a su servicio, ni mucho menos para obtener prestigio o poder. En efecto, los evangelistas consignan que Jesús despidió inmediatamente después a la gente. No aprovechó para hacerles un discurso final. "Despidiendo luego a la muchedumbre, subió a la barca y se fue al término de Mogadán". (Mt. 15, 39).

El asunto merece un análisis más detenido, porque este fue un momento delicado y confuso de la situación. Da la impresión de que los discípulos se vieron tentados de aprovechar la ocasión, porque Jesús tuvo que obligarlos a irse. "Inmediatamente obligó a sus discípulos a subir a la barca y a ir por delante de él a la otra orilla, mientras él despedía a la gente" (Mt. 14, 22). Juan señala que Jesús tuvo más bien que huir porque la gente, después de apreciar lo que había hecho, quería convertirlo en líder político. "Dándose cuenta Jesús de que intentaban venir a tomarle por la fuerza para hacerle rey, huyó de nuevo al monte él solo" (Juan 6, 15). Aquí se nos enseñan dos cosas decisivas. Por un lado, que Jesús no pretende reemplazar a los hombres en sus obligaciones diarias: la acción social de la Iglesia no debe reemplazar la acción normal de los hombres para resolver sus necesidades, que es la organización de empresas y demás formas de trabajo. Por otro lado, Jesús no acepta el reconocimiento de las gentes que quieren aclamarlo por lo que hizo, sino que los despide en vez de llamarlos, los obliga a irse en vez de mantenerlos como clientela para su predicación, huye al monte solo en vez de aceptar obtener resultados políticos con su acción. No crea instituciones poderosas de acción social, sino que, como termina Mateo, "Después de despedir a la gente, subió al monte a solas para orar; al atardecer estaba solo allí". Esta insistencia de éste y los demás evangelistas en el hecho de quedar solo es de la más alta significación.

5. Acción asistencial y acción promocional-liberadora.

La solidaridad cristiana se extiende a todos los hombres, desplegándose diferenciadamente según las situaciones, condiciones y necesidades de cada cual. Hay situaciones en que las carencias y necesidades son tan graves y extremas que las personas necesitan simplemente ser asistidas, sin que sea posible que desplieguen capacidades propias para hacer frente a sus problemas. La acción meramente asistencial, como parte de la acción social de la Iglesia, parece ser una necesidad permanente.

En el evangelio encontramos orientaciones bastante claras y precisas para este tipo de acción social. Ellas se concentran y explicitan particularmente en la parábola del buen samaritano: "Bajaba un hombre de Jerusalén a Jericó, y cayó en manos de salteadores, que, después de despojarle y golpearle, se fueron dejándole medio muerto. Casualmente bajaba por aquél camino un sacerdote y, al verle, dio un rodeo. De igual modo, un levita que pasaba por aquel sitio, le vio y dio un rodeo. Pero un samaritano que iba de camino llegó junto a él, y al verle tuvo compasión; y, acercándose, vendó sus heridas, echando en ellas aceite y vino; y montándole sobre su propia cabalgadura, le llevó a una posada y cuidó de él. Al día siguiente, sacando dos denarios, se los dio al posadero y dijo: "Cuida de él y, si gastas algo más, te lo pagaré cuando vuelva". (Lc. 10, 30-35).

Lo primero que resalta y que ha sido siempre relevado es el compromiso del samaritano con el necesitado, la intensidad de su compromiso. El buen el buen samaritano es el hombre que ve al necesitado y no pasa de largo como frente a algo que no le atañe, sino que se siente involucrado y actúa; ello supone una disposición interior: él no está centrado en sí mismo sino abierto a los demás, dejándose desafiar por la situación de los hombres con quienes se encuentra.

Pero en la parábola hay más que esto. Jesús no nos enseña con ella sólo el compromiso verdadero e intenso, sino que nos dice mucho también sobre el modo de comprometerse y de actuar. En efecto, encontramos una descripción minuciosa de lo que el samaritano hace. Si hubiese querido resaltar sólo el compromiso y su intensidad, el samaritano podría haber tenido compasión, curando las heridas, podría haberlo llevado consigo a su casa y atendido hasta que se encontrara recuperado. Pero no es esto lo que nos dice el evangelio. Se nos muestra, en efecto, un acto asistencial eficiente. Se nos dice que, después de haberle proporcionado una atención de urgencia, lo monta en su cabalgadura y lo lleva a una posada, donde paga dos denarios al posadero y cubre los gastos del cuidado que le encarga. Dicho en otras palabras, utiliza sus recursos económicos (medio de transporte, y especialmente se releva el uso del dinero), y contrata una atención más especializada, que probablemente él no estaba en condiciones de ofrecer. El samaritano se va a cumplir sus propias tareas, indicándose solamente que va a volver para saber el resultado y cubrir eventuales costos adicionales.

Así, no ha generado dependencia del beneficiario ni ha dejado de cumplir sus propias tareas, y al mismo tiempo ha mostrado precisión y eficacia en su acción asistencial. El hombre asistido se ha recuperado, ha dejado atrás su estado de necesidad, se ha reincorporado a la vida civil en el uso de sus propias facultades; o bien podría suceder también que la necesidad de asistencia por parte del posadero se prolongara e hiciera incluso permanente. No lo sabemos: pero cualquiera sea el caso, el samaritano ha actuado en la forma más racional y eficiente que pudiera pensarse.

Esto es muy importante resaltarse. Porque a veces sucede que la búsqueda de la eficiencia en la acción se percibe como si fuera en cierto modo contrapuesta a la solidaridad y el compromiso. Tal concepción debe ser superada, lo que se logra precisando los conceptos mismos de solidaridad y compromiso por un lado, y de eficacia y eficiencia por el otro. Eficiencia significa alcanzar el máximo de los objetivos y beneficios buscados, utilizando en la mejor forma los medios, capacidades y recursos disponibles. La solidaridad y el compromiso, por su parte, no son una debilidad sino una fuerza o energía que impulsa a la acción y al logro de ciertos objetivos deseados. La eficiencia es el resultado o consecuencia del compromiso solidario; donde hay escasa eficiencia, esto es, un deficiente uso de los medios y capacidades disponibles, es probable que la solidaridad y el compromiso que sustentan la acción hayan sido también deficitarios. Una acción social que demuestra ser eficiente está mostrando que es también verdaderamente solidaria y comprometida.

Evidentemente, esto vale tanto para la acción asistencial como para la acción promocional-liberadora. Pero los problemas de esta última son más complejos, y valen sobre ella gran parte de los análisis que hemos venido haciendo. Hay un punto que merece especial meditación, y es el que nos ha llevado a hablar no sólo de acción "promocional" sino a asociarle el concepto de acción "liberadora". Esto tiene que ver con la cuestión de las etapas o fases por las que puede ascenderse, a partir de situaciones de necesidad y dependencia, a situaciones de autonomía y libertad.

A menudo se distingue entre acción promocional y acción política, o entre promoción humana y acción organizada tendiente a la transformación de las estructuras generales de la sociedad. El tema es bastante crucial, y a lo largo de este libro hemos fundamentado un enfoque unitario según el cual lo promocional y lo estructural no son procesos separados sino momentos y dimensiones de un proceso único que se hace en lo particular y se proyecta a lo global. En este capítulo final, en el curso de una reflexión que encuentra sus fuentes en el evangelio y en las enseñanzas de Jesús, podemos encontrar una luz adicional y especial, también sobre este tema. La encontramos en la parábola de los talentos (Mt. 25, 14-30) o de las minas (Lc. 19, 12-27).

Se trata de dos parábolas distintas, o de dos versiones de una misma parábola. Para nuestros efectos, podemos analizarlas unidamente; y es necesario advertir que no propondremos una interpretación teológica sino que haremos de ellas una reflexión libre, que podemos considerar como bastante laica pero que quizás pueda aportar algún elemento novedoso a la teología de la política y de la liberación.

Los personajes de la parábola son: a) un hombre dueño de su hacienda, un noble, que se ausenta del país para recibir su investidura real y volverse (Lc.); b) algunos ciudadanos que conspiran contra él porque no lo desean como rey (Lc.); c) los siervos, a los cuales se les encomienda la hacienda (Mt.) y se les encarga negociar hasta que vuelva el señor, entregándoles concretamente la administración de diez minas (Lc.) o de talentos (Mt.) distribuidos entre los siervos en proporción a sus capacidades.

Con estos personajes, se desarrolla un drama complejo, que implica distintas acciones y actuaciones de los personajes, y distintos resultados y efectos de las mismas. Tres son las situaciones que se crean.

Por un lado, la acción de los conspiradores, cuya subversión queda al descubierto y termina con su ruina y muerte (Lc.).

Por otro lado, la acción de aquellos siervos que fueron temerosos y pusilánimes, que no aprovecharon los recursos que habían recibido sino que los guardaron sin hacerlos fructificar. Lo que tenían les fue quitado, junto con ser severamente amonestados. Es interesante observar que lo que lleva a estos siervos a la pasividad fue el temor y la dependencia, la falta de autonomía. Ellos quisieron congraciarse con su señor: "sabía que eras un hombre severo, que cosechas donde no sembraste y recoges donde no esparciste. Por eso me dio miedo, y fui y escondí en tierra tu talento. Mira, aquí tienes lo que es tuyo" (Mt.). Son personas conscientes de la explotación de que son objeto en cuanto trabajadores o siervos; no quieren sin embargo cambiar las cosas, porque no se creen con las capacidades de actuar por cuenta propia. Sumisos, piensan que es posible mantener el statu quo, que aunque injusto, lo aceptan y no les incomoda tanto como el sacrificio de la acción autónoma.

Por último están los que aprovecharon la ocasión de haberse quedado sin patrón y tenido la oportunidad de desarrollar las actividades (negocios) por cuenta propia. La situación de ellos había cambiado: habían dejado de ser siervos asalariados, porque el dueño de la hacienda ya no estaba; puede entenderse también en el sentido de que el Estado se había retirado, dejándolos simultáneamente sin empleo y sin protección. Pero tenían talentos y capacidades propias, y además, recibieron recursos económicos concretos (las minas, los talentos) con la explícita tarea de negociar con ellos, es decir, de hacerlos producir y reproducir. El resultado de esta actividad económica fue diferenciada, es decir, no todos tuvieron el mismo éxito o igual rendimiento. Según la versión de los talentos, produjeron en proporción a lo que habían recibido: el que recibió cinco talentos había producido otros cinco, el que había recibido dos generó otros dos. Según la versión de las minas, todos habían recibido igual cantidad: una mina por hombre, pero administrada por uno había producido diez, por el otro cinco. En esta segunda versión, la diferencia corresponde no a los recursos recibidos sino a las capacidades de gestión de cada cual.

Pues bien, el efecto de estos resultados es que los siervos dejan de serlo, y adquieren la calidad de hombres libres. En la versión de los talentos el resultado es: "¡Bien, siervo bueno y fiel!; en lo poco has sido fiel, al frente de lo mucho te pondré; entra en el gozo de tu señor" (Mt.). La versión de las minas es leve pero significativamente distinta: "¡Muy bien, siervo bueno! Ya que has sido fiel en lo mínimo, toma el gobierno de diez ciudades. Vino el segundo y dijo: Tu mina, Señor, ha producido cinco minas. Dijo a éste: "Ponte tú también al mando de cinco ciudades" (Lc.).

Encontramos aquí dos relaciones importantes y explícitas: la primera es la relación entre lo pequeño o mínimo y lo grande, o entre lo poco y lo mucho. Se avanza de lo pequeño a lo grande; el desarrollo de la capacidad de administrar pequeños negocios o empresas capacita para hacerlo después en tamaños grandes. Hay una promoción de un nivel a otro (correspondientes a distinta escala) cuyo fundamento ha sido el éxito logrado en la primera. Esta idea se refuerza claramente por la proporcionalidad del premio con los resultados mayores o menores alcanzados anteriormente. Lo que esto nos enseña respecto a la relación y el nexo existente lo micro y lo macro es evidente. ¿Cómo pasar de lo chico a lo grande? es una pregunta que se plantea siempre entre quienes trabajan a nivel de la acción social.

La segunda relación, explicitada en la versión de las minas, es aquella que procede de la administración de las minas al gobierno de las ciudades; esto es, de la realización de actividades económicas al cumplimiento de funciones de gobierno de ciudades (o sea de hombres, o también del control sobre las cosas al control de las propias condiciones de vida, o autogobierno y autonomía). También aquí hay una proporcionalidad; el que produjo diez minas adquirió el gobierno de diez ciudades, y el que cinco minas cinco ciudades. La idea de que tal promoción es el resultado del desarrollo de las propias capacidades es, pues, evidente. Y es muy cierto que no se puede aspirar a la administración de ciudades y pueblos si no se está en condiciones de administrar y dirigir organizaciones pequeñas.

La organización y dirección de organizaciones populares, de unidades económicas, capacita para emprender tareas de mayor responsabilidad a nivel político o de gobierno. Esta relación no es sólo cuantitativa, sino también cualitativa: se puede esperar que gobiernen democráticamente las ciudades sólo quienes hayan demostrado capacidad de gestión democrática de las organizaciones o unidades pequeñas, en las que se han preparado y desarrollado. En este sentido, hace bien el señor que entrega el gobierno de las ciudades a los siervos buenos y fieles y no a aquellos conspiradores, "ciudadanos que odiaban y enviaron detrás de él una embajada que dijese: No queremos que ese reine sobre nosotros" (Lc.).

Estas parábolas tienen, sin duda, una interpretación teológica más espiritual, referida a los dones y gracias del Espíritu; pero es difícil pensar que no tengan referencia también explícita a los talentos y capacidades puramente humanas. Es la unidad del hombre que resulta iluminada por ellas. Hay al respecto un distinto énfasis en ambas versiones. En Mateo (talentos) la dimensión espiritual es más explícita; en Lucas (minas, gobierno de ciudades) la dimensión histórica es tan marcada que una reflexión como la expuesta surge espontáneamente. Podemos pensar que la promoción y la liberación humana e intra-histórica, siempre parcial, limitada e insuficiente, es anticipación, figura, anuncio, de la esperanza en la promoción y la libertad plenas y sin límites que aspiramos recibir en Cristo resucitado.

(19) S. Silva G. ss.cc. La acción social de la Iglesia: perspectiva teológica; en Seminario de obispos sobre acción social, Conferencia Episcopal de Chile, Depto. de Acción Social, Santiago, 1984, págs. 23-24.

INDICE

ECONOMIA POPULAR DE SOLIDARIDAD. Identidad y proyecto en una visión integradora

PRELUDIO

CAPITULO I   EL SURGIMIENTO DE UNA NUEVA ECONOMÍA POPULAR SOLIDARIA: ORÍGENES, COMPONENTES E IDENTIDAD

CAPITULO II   PERSPECTIVAS Y POTENCIALIDADES TRANSFORMADORAS: TRES HIPÓTESIS IDEOLÓGICAS Y APERTURA A UN ANÁLISIS CIENTÍFICO

CAPITULO III   RACIONALIDAD ECONÓMICA Y LÓGICA OPERACIONAL DE LA ECONOMÍA POPULAR DE SOLIDARIDAD

CAPITULO IV   LA CUESTIÓN DE LA AUTONOMÍA Y DE LAS RELACIONES CON EL MERCADO Y CON LAS INSTITUCIONES DE APOYO

CAPITULO V   LA ECONOMÍA DE SOLIDARIDAD EN UN PROYECTO DE DEMOCRATIZACIÓN ECONÓMICA

CAPITULO VI   LA ECONOMIA POPULAR DE SOLIDARFIDAD EN UNA PERSPECTIVA DE DESARROLLO ALTERNATIVO

CAPITULO VII   PARA UNA PROYECCIÓN POLÍTICA DEL PROCESO DE FORMACIÓN Y DESARROLLO DE LA ECONOMÍA POPULAR DE SOLIDARIDAD
CAPITULO VIII   LA CIVILIZACIÓN DEL AMOR Y LA ECONOMÍA DE SOLIDARIDAD

Luis Razeto Migliaro

Made in United States
Orlando, FL
11 January 2024